鉄人のひとり言

The Key to Life

衣笠祥雄

まえがき

1日は24時間で成り立っている。分《ふん》で計算すると1440分である。さらに時間を細かく砕いてみると86400秒という答えが出てくるはずだ。

私たちはその時間を使って、どんな自分の人生を描いてきただろうか。また満足して過ごしただろうか。胸に手を当ててみよう。答えは自分の中にある。

人生は時として、「これだ!」と、予想したものが見えた、と思ったら、次の瞬間、まったく知らない場面に出くわして慌て、動じることがよくある。

その「これだ!」「なんで?」の繰り返しのなかで、人は経験を重ね、成長していくのではないだろうか——。

いつの頃から、セ・リーグとパ・リーグ、そしてメジャーの試合を見たあと、気になったことを〝ひとり言〟としてノートパソコンに残すようになった。

「なんであの打席で打てないんだろう」

「なんであそこで打たれるんだろう」

「あのプレーはないよな……」

「それにしても、あのプレーはすばらしい！」

キャンプでちゃんとやってきたはずなのに、どうして公式戦ではうまくいかないのだろうか？「それには原因があるはずだ」と、掘り下げてみると、次々に問題点が浮かび上がってきた。突き詰めると問題点の起因は、チーム事情と選手個人のメンタルにすべてがあるように思えた。

セ・パ各チーム、あるいは選手個人に焦点を当てて何が問題なのか、どうしたら解決出来るのかをデータを持ってして考えてみた。

また、期待する選手などについてその魅力を紹介し、さらなる飛躍を願ってささやかな助言を述べさせてもらった。

また、野球の楽しさをもっと知ってほしいと、今年と去年、去年とその前の年、そしてもっと古い時代のチーム、選手の記録の比較などもたっぷりと紹介をした。数字は楽しいし、不思議な生き物である。この数字こそが野球選手のすべてを支配していると言っても過言ではない。

野球が誕生して180年ほどになる。でも、どんなに野球技術が進んでも野球をやっている人間の基本的な考えや、心構えは180年経っても変わらない。

「うまくなりたい、自分に勝ちたい」これしかないのだ。

長嶋さん、王さんといった往年の名選手やイチロー選手をはじめとした現役バリバリ選手、そして私もその精神を持っては野球を志し、トップを目指してやってきた。強いチームやすばらしい選手の根底にある野球スピリッツは、「うまくなりたい、自分に勝ちたい」の言葉に帰結するのだ。

とまあ、なんや、かんやと言いましたが、これも私のいわゆる〝ひとり言〟で、こんなひとり言が一つ、二つと増えていって、このような一冊の本にまとまったのです。

普段の野球解説ではちょっと聞けない「人生の鍵の開け方」について、ちょっとの間、耳をそばだてて聞いていただければ幸いです。

衣笠祥雄

目次

第2章　成功への鍵の開け方

第3章　初心を忘れない

第4章　すべてに「最短の道」はない

第5章 力を探る、ためす

第6章 異次元の世界

各項の「ひとり言」は、一部順不同にしました。
——編集部

第1章

野球という劇場

1 心理戦

「ヒトとは何ですか」と問われれば……

野球とは、心理戦だ。人間《ひと》がやるから、面白いのだ。

「ヒトとは、何ですか」と問われれば、「考えることが出来る」と答える。ヒトは考えるから成長もする。しかし、考えるから失敗もする。そこに野球の面白さがあるのだ。

スポーツ全般に言えることかもしれないが、たとえば、「2年目のジンクス」なる言葉がある。大活躍した新人が2年目に伸び悩むことが多いのは野球だけではない。1年目に一生懸命頑張って、それなりの成績を残した。2年目、この成績で十分だと思うヒトは誰もいない。

「1年目にここまでやったんだから、2年目はもっとやれるだろう」

そんな周りの期待が本人にも伝わってくる。本人も「ひょっとしたら、もうちょっと頑張れるかな」と、自分に期待してしまう。

そこで、「このままではでも上に行けない、では何をすればいいんだろう」と考え、いろいろな練習を取り入れてみる。これまで教えてもらったことを思い出し、そこからまた新たな考え方を持ったりもする。新しいことにも挑戦してみたくなる。でも、結局はそこでは空回りしてしまうのだ。

「去年と同じ成績でいいじゃないか」

そう進言しても、本人が納得しない。それが、ヒトの欲である。

ヒトが欲を持つのは当然である。この欲というものは悪さもするし、プラスに向かうこともある。欲を持たなければ、ヒトは前に進めない。欲を持つから下に落ちたりもする。その苦しいことが2年目のジンクスの根源なのだ。だから、「こんなふうになりたい、もっと成績を上げたい」という思いと、自分自身を客観的に見て、目標と現実をどう摺《す》り合わせていくか、第三者的に自分自身を見ながら成長させるかが重要なのである。当然、周りからたくさんのアドバイスをいただき、起死回生のヒントもいただいたりもする。だが、こうも言いたい。最後は自分自身がたくさんいただいたアドバイスをどう使っていくか、どう取捨選択出来るかで、その選手の力量が初めて問われると思っている。

グラウンドには、さまざまな心理戦が交錯している。たとえば、好調なバッターを迎えたとする。そのとき、ピッチャーはまず何を考え、感じるか……。まず「打たれたくない」と考える。相手は好調なのだから、そう思うはずだ。

その時点で、ピッチャーは負い目に感じていて、劣勢となる。本来、ヒトがいちばん力を発揮出来るのは、リラックスした状態だ。

そのヒトの腕の振りであれ、正しい体の使い方が出来たときはリラックスした状態であって、相手に対し、負い目に感じているときは「こうしてはいけない、ああしてはいけない」と考え、知らず知らずのうちに、ヒトは縛られているようになってしまう。そうすると、体が動かなくなる。また、最初に「相手は好調だ」と聞いた瞬間に「あそこに投げたら打たれるぞ」と悲観的に考えてしまうのは、選手が相手バッターに関するデータを持っていることにも影響している。相手バッターの得意なコース、苦手なコースを味方スコアラーが調べ上げ、「あのコースに投げたらいけないよ」という情報を共有している。その「いけないよ」と言った時点で、一歩引いていることにもなる。そんなふうにマイナスな発想ばかりだと、だんだんと失敗に近づく。

好調なバッターにしても、そうだ。調子がよくても、考えてしまうのだ。

「このピッチャー、良いボールを放ってるよな。なら、どのボールを打とうか」

プロ野球中継で、バッターが簡単にド真ん中のストライクを見逃すシーンがある。このときがまさにそれで、「どのボールを打とうか」と考えすぎてしまい、ド真ん中のボールに対応出来なかったときなのだ。

見逃したあと、「しまった!」と後悔しても、その時点ですでにストライク・カウントでは追い込まれている。野球とはそんな心理戦のドラマでもあり、ヒトの考えが大きく影響するものなのだ。

２０１６年６月７日

2 野球の面白さ

いかに毎日冷静でいなければならないのか分かってもらえるかな？

野球というゲームは本来打つことをメインに考えられたゲームであると思う。そんなゲームであるのだから当然チームの勢いをつけるのには、やはり打線の明るさが欲しい。投手が好投を続けることが勝利に近づく道であるけれども、打線は８人いる。

時には投手も入ると９人もの人がヒットを打ちその度にベンチは笑顔と明るい雰囲気に包まれる。この明るさがエネルギーとなり、次のチャンスを作り、チームを勝利に向かわせるのである。

自軍の打線を元気にする方法としては相手投手を徹底的に研究する。初球の入り方、勝負球の確率、0－0、1－1、2－2、という平行カウントでのボールの種類の確率、投手が有利なとき、不利な時に投げてくるボールの種類、簡単に考えてもこのくらいはすぐに出てくるだろう。そして問題はこのような情報をもらってもこれを活かすことの出来る打撃の調子を自分が維持しているか？　ここが一番の問題である。

人がやるスポーツだけに体の状態が同じということはあり得ない。必ずどこかが毎日変化しているので、そこをカバーしてのその日、その日の打撃が求められる。右手が強い日、左手が強く感じる日、上体に力が入り抜けないとき、体がどうしても前に出ていきがちになる日、なかなか難しいものである。

その状況を毎日チェックしながらその日の一番いい形を見つけて試合に臨まなければいけない。いかに毎日冷静でいなければならないかが分かってもらえるかな？　そして一番大事にしてほしいのが「私は打てるのだ」ということを信じることである。

放送席から打席に入っている打者を見ていると、多くの打者が何とかしていい結果を得るために投手を研究し、相手の配球を読もうと努力している。確かに次に投げてくるボールのコース、球種が分かれば打つことは簡単だろうが相手もそう簡単には読ませてくれない。

ホームベースの幅は17インチ（43・2センチ）、奥行き8・5インチ（21・6センチ）、5角型頂点に向かって12インチ（30・5センチ）という形のベースに向かって投手は投げ、それぞれの角にボールが触れれば「ストライク」になるのだから実際の広さは60センチを超えるだろう。

その広さを全てカバーすることは非常に難しく、良くても20～25センチの幅だろう。この幅ならば何とかカバー出来そうで、だから打者は「近め」「遠め」と自分の待っている球を決めなければならなくなるのだ。ときどき真ん中のストレートを打者が見送ることがある。「?・?・?」どうしたのかな？　と思うのだが、これは打者は投手が真ん中に投げることを考えていない時に起きる現象である。

いまは自分で打つことが出来なくなったから放送席から投手と打者の対戦を見ているのだが、

好調な打者には投手がどうしても甘いボールを投げる傾向にあり、不調な打者には厳しいところに投球が集まるように思える。これは本当に面白いことだが、人間の心理が表れており、好調な打者を迎えた投手は「甘いところには投げてはいけない」という心理が働きその投手に無言のプレッシャーをかけてくる。

反対にその時点で不調な打者を迎えた投手は安心してマウンドから打者を観察し、自分の持っている最高のボールを投げるチャンスに恵まれるということになる。ここに野球の難しさと、面白さがいっぱい詰まっていると思う。

では調子の出ない打者はここからどうして脱出するか？　これは1日も早く自分の打撃の基本に帰ることだろう。

それぞれの打者はここに来るまで多くの指導者に教えを受けてきているのだが、その中でも自分に一番あった指導者の影響を強く受けて、また、頑張って自分の打ち方を作ってきているはずである。その自分の打ち方の基本に帰ることが自分を取り戻す近道と思う。打撃は難しく考えていくといつまでも道は続いており、誰も完成した人がいない世界である。

メジャーリーグでも5割の打率を残した人はいない。当然日本では4割を記録した人もいない。そんな世界であるから、いかにして自分の持てる力を出し切るか？　ここに集中する以外、方法はないのである。

とはいえ練習している時には10割を目指して何とか近づきたいと思いながら練習するし、出来ると思うから練習を頑張れるのだ。

2015年4月12日

3 自分を作る

最近日本の野球が前に進んでいるという見方が出来なくなっている

世の中には色々な社会があり、その中で成功するには成功するための方法論があると思う。どこでその方法論を学ぶか？　覚えるか？　それが成功への道である。当然経験という貴重なものは外せない。

プロ野球の世界というところは特殊な世界である。一人ひとりが自分の技術を磨き、人が真似を出来ないところまで精進することを要求される場所だと思う。その一人ひとりの個性を監督、コーチが最高の形で活かして使うことにより素晴らしいチームが出来上がる世界で、当然個性溢れる選手を使う監督、コーチもその経験をしてきた人が以前はそのポジションに付いていたことが多かったが、時代の流れだろうか？　最近の傾向として「マネージメント」という言葉が響くようになり、過去の選手時代の成績よりも「人の使い方」「動かし方」を中心に考える人をオーナーが評価することが見られるようになってきているように感じる。

監督、コーチの選手時代のキャリアはあまり必要としないのかな？　と思う起用が多く見られるから、当然監督が持っている「カリスマ性」「技術」「精神力」を教えることがしにくくなっている。また監督がコーチを育てるということも難しくなっているようだ。これも時代の流れだろうか？

昔の下町の町工場のオーナーは家内工業ということもあり、御主人がみんな技術屋さんで、オーナーであった。しかし、最近は技術屋さんばかりでなく「マネージメント」にたけた事務職の人がオーナーになることが多くなり、新しい技術の開発、発達が昔に比べると少なくなり、独創性に乏しくなってきているように報道されることが多くなった。

技術大国ニッポンが欧米化してきていることではないだろうか。それは技術屋さんが自分に対して挑戦して新しい物を作ろうと戦うことが少なくなり、「売れるもの」「要求されたもの」ばかりを作ることが多くなってきて進歩が遅れてきているのではないか。それほど商売が厳しい時代を迎えているということが言えると思うが、どちらなのだろうか？

野球の世界も同じように感じることが多くなってきた。監督というポジションをマネージメントする人の場所であり、「人を教育する、作る場所」として考えなくなってきているのではないだろうか？　だから、最近日本の野球が前に進んでいるという見方が出来なくなってきているのではないだろうか。

ウエイトトレーニング理論の発達により全体的に選手の身体は頑強になって、力のある選手が増えてきた。食事、医療、生活環境等、すべてにおいて改善され選手の身体は大きくなり力もついてきたのだから、昔と同じように練習して、工夫をすれば野球は絶対に前進しなくてはならない。でも現実はそんな姿を見ることは少ない。

投手の投げるボールは素晴らしく速くなり、変化球も多彩になり、投手の資質として進歩はしているものの昔の投手のように見ていて相手打者から気持のいい三振を取れる投手は少なくなってきた。

打者にしても凄い飛距離を出せる選手が多くなり、打球も人工芝の導入により速くなった。最新のマシンで160キロでも170キロでも練習出来る、変化球も同様に多彩なボールがマシンから出てくる。でも4割を打つ打者はまだ出てこない。

難しい世界だということは知っている。だけど絶えず上に、上にと挑戦するところに技術者の喜びがあるとすれば挑戦してほしい。

そして「上に、上に」行きたいと思えばそこに行く道を指導して導いてくれるコーチが必要である。

3割を打つには3割を打つ楽しさ、苦しさを経験しないで打てるのだろうか？　その極意を何とか掴《つか》もうと選手時代に必死に練習を重ねて、それがその人の財産になり人に伝えるまでに行けるのではないだろうか？

本塁打の世界も同様で、19本塁打を今季記録したならば、来季は何がなんでも20本を越えたいと思ってほしい。19本と20本の間には大きな「かべ」があるからだ。そして29本と30本も同様である。ここの数字まではプロ野球に入団して本塁打に憧れを持っている選手ならば達成出来る数字で、29本~30本は少し技術的な成長を必要とする。40本以上打てる打者は天性のものを持っている人で努力だけで行ける世界ではないと感じている。

いずれにしても2割8分の打率が残れば、2割9分、3割、に挑戦する。15勝すれば16勝、17勝に挑戦するために「何が必要か」ビデオを見たり、鏡に映る自分を見たり、自分でまず考える。

そして足りないところを経験してきたコーチや、周りの先輩にヒントをいただく、いろいろな経験を聞くことが自分を成長させてくれる道だと思う。

メジャーリーグに挑戦している選手がよく言う言葉に「毎年同じことを続けていては通用しない」という言葉がある。日々研究が必要な場所であるということだ。日本の野球界も同じように日々の進歩を必要とする場所にしたいし、してほしいと思う。

特殊な世界でいつまでもファンの声援をもらえるところにいるためには、今日よりも明日、明日よりも明後日、絶えず進歩した姿を見せ続けることが必要だと思う。

そしてそれが出来る素晴らしい才能を持った選手が毎年プロ野球の世界に飛び込んできているだけに頑張ってほしい。

２０１５年10月19日

4 野球にハマる

天才とは3%の閃きと、97%の努力の上に成り立っている

「野球の何が楽しいのか?」、世の中には野球に興味のない方もいて、そう聞かれることがある。私にとって野球は若い時に出会い、プレーしていて飽きることのない競技だった。打撃、これはもうみんな野球をしている選手は大好きだ。

少年野球の選手たちが憧れるのは、プロ野球で、「本塁打王、打撃王」というタイトルを獲得して活躍している選手たちで、自分達も大きくなったら、「ああなりたい」と夢を持って見ている。そんなスーパースターたちに憧れ、リトルリーグで頑張り、中学生野球で頑張り、高校生になると「甲子園」に憧れて、今度は本物の努力を要求され、野球に試される時期を迎える。

こうして野球の面白さにハマっていくと思う。それにしても甲子園に行く道は簡単ではない。そして多くのメンバーと協力して頑張らないと甲子園の道は開かれることはない。自分一人が頑張って行けるところではないということを甲子園に出た選手はみんな知っていると思う。それほど難しい、だから憧れるのだろう。

運良く甲子園に出場した選手はその喜びをバネに、そして、出場出来なかった選手たちは、その悔しさをバネに、次のステップに挑んでいく。大学進学、社会人野球、プロ野球という選

択肢の中から自分の前に出来た道をしっかりと見つめて、自分を活かしてくれる道を選択するべきである。みんながみんなプロ野球ではないと思う。

当然、「プロ野球で試してみたい」という気持ちは分からないではない。でも、どこに行けば自分を活かすことが出来るか？　しっかりと考えることも野球を楽しむことにつながるということを知ってほしい。

野球を追求するのには時間がかかる。大学生、社会人、プロ野球でも、それなりに時間をかけて、経験を重ねて、そして初めて野球というものの楽しさ、難しさが見えてくると思ってほしい。そんな中から自己探求、技術習得、仲間との協力や競争、強い相手と試合を重ねることによる技術の向上、自信を持つことの大切さ、練習の必要性、階段を上がることの嬉しさと不安を経験してやっと野球というものの全体像が感じられると思う。そうした経験を積むことによって人間は学び、成長していく。

プロ野球は野球の最高峰ではあるが、プロ野球選手だから野球技術を習得する完璧な方法を知っているとは限らない。ただ、昔から良く使われる「天才」という言葉がある。確かに天才と呼ばれ、多くの人たちが感じられないこと、苦しんだ末にやっと掴んだ解決方法をいとも簡単に思い付き、やってのけてしまう人がプロ野球の世界にはいた。そんな彼らを評するもう一つの言葉が、「天才とは3％の閃きと、97％の努力の上に成り立っている」である。

周りから見れば大変な努力をしているようであっても、当事者にすればそんなに大したことはなかったりもする。きっと天才と呼ばれる人たちは、多くの才能と努力する能力が生まれながらにして持っていて、周りからすると、大変な苦労をしているように見えても、実際にやっている彼らは大変なことをやっていると感じていないと思う。だから、彼らは体力と精神の限界まで自分を追い詰めることが出来る。

こればかりは、誰しもが真似出来ることではない。

多くの選手はここまでは行けないが、努力することにより、それに近いところまでは行けると思う。こんな世界があると思えば、野球本来の持つスポーツとしての楽しさもある。これは多くにアマチュアの人も見つけることが出来ると思う。仲間と協力して相手に立ち向かうところは一緒だし、助け合うことが必要ということも必要だ。

そして、戦う以上は「勝ちたい」と闘争本能を刺激してくれる楽しさ、「上手くなりたい」という欲求が生まれてくる心、また、終わったあとの爽快感はむしろアマチュアの選手のほうが大きいのではないだろうか。プロの場合はもう次の課題や相手のことに頭が走り、余韻に浸っている時間はないと思う。

２０１６年６月13日

5

好きこそものの上手なれ

この言葉がすべてではないでしょうか……

甲子園大会で活躍した選手たちの進路について「どの選択がベストなのか」と聞かれることがある。その質問をするのは選手の身内の方ではなく、高校野球ファンの方々だ。

私の記憶では進路の選択についてもっとも明暗を分けたのは、いまはメジャーリーグのニューヨーク・ヤンキースで投げている田中将大投手と北海道日本ハムで苦しんでいる斎藤佑樹投手の例だ。

決して一方が成功して、もう一方が失敗したからと論じるつもりはない。それはいまの結果であって、その時点では分からないことだったはずだから、当然、その後の指導者との出会いとか、環境とか、いろいろあり、当時私が聞かれた時に考えたことを思い出して書いてみたい。

甲子園大会で両投手の素晴らしい投球は印象に強く残った。田中投手は体も大きく、鍛えれば鍛えるだけまだまだ伸びる可能性が見えた。この場合、大学に行ってレベルが同じような選手たちと練習するよりも、もっとレベルの高い環境のほうが成長は早いと思った。だから、プロ野球を選択するべきだろう、という結論を出した。

斎藤投手に関してはこのままだと、ここがこの投手の限界かな？　とふと感じた。ボールのスピード、体の大きさ、素材として見るとここからどこを磨くか？　そう考えると、「投球術」

だという結論になり、そうすると、いまのままでは苦しい。いまの投球術では、プロに入っても打者一巡か二巡したら、相手が覚えてしまい、つるべ打ちにされてしまう。

スライダーは素晴らしいのだが、苦しい……。とすれば、彼は大学に行き、このシャープな頭をさらに磨き、「投球術」に磨きをかけることをしてほしい。だから、大学に進学するべきだということになった。

大学で多くの打者を相手に、打者が次に何の球種を待っているか、どのコースのボールを狙っているのか、何を仕掛けようとしているのかを考える野球を学ぶべきだと思った。投手は相手の狙っているところの反対に投げれば、打者はどうしても打つことは出来ないから、ここを磨くために大学野球でそれを習得し、いま以上の投手となって、4年後にプロ野球でその姿を見せてほしいという結論だった。

もう一つは当時の彼を取り巻く環境にあった。

「ハンカチ王子」という、完全にタレント並みの扱いでプロ野球に入った場合、練習に支障が出るだろう。その点、大学であれば大学がアマチュア規定でマスコミから守ってくれるという利点があった。ただ残念なのは、彼は私が考えた路線に乗ってくれなかったことだ。投手の本能から、マウンドで直球で勝負をしたがる場面を何度も見た。これは彼の投球ではないと何度も思ったが、どうも直球で勝負がしたいという投手の本能から離れられないように見えた。少し本題から外れたが気になっていたところです。

社会人野球に進む選手の場合、当然ドラフトにかかってプロ野球でも活躍しそうな選手もいれば、いま現在プロ野球でチャレンジするのに自信が持てない、もう少し経験を積んでからプロに挑戦したいという選手もいる。ここは本人の考え方だから、周りから、あまりどうこう言うことは出来ない。慎重に自分の人生を考えてのことだから、尊重するべきだろう。社会人野球で自信が持てるようになれば、プロに挑戦すればいいと思う。

そしてプロ野球に挑戦する選手たちだが、いまの時代、小さい時からお父さん、お母さんが「我が子をプロ野球選手に」と夢を抱いているのも多い。

少年野球の父兄の方によく聞かれるのが、「どうしたらプロ野球に行けますか」という質問だ。とても難しい質問だ。特に私の場合、プロ野球選手になりたいから野球を始めたのではないからこの質問には戸惑う。

中学で突然「面白そうだな〜」と思って、始めたのが野球、それから29年間も追い続けることになるとは思いもしなかった。でも、追い続けた。そして楽しい思い出を多く作るチャンスをもらった。考える時間をたくさんもらい、鍛えていただいた。多くの指導者にも出会う機会を与えてもらった。素晴らしい仲間に出会う機会も与えてもった。才能豊かな後輩たちをいっぱい見る機会もいただき、大好きなメジャーリーグでプレーする後輩をたくさん見せてもらった。

「運が良かった」からだ。それがプロ野球の世界に入れた最大の要因です。中学で始めた野球部の最高の仲間が野球の楽しさを教えてくれた。野球というスポーツは「楽しいものなんだ」だから、「好きで野球をしているのだ」。この二つの思いが大切だったといまも思っている。どんなに苦しい時が来ても、この二つのことで解決出来た。

「好きこそものの上手なれ」

この言葉がすべてではないでしょうか……。何をするにも成功への道はいま、自分がやっていることを好きになることが一番の近道だろう。そんな野球が本当に好きな選手たちがグラウンドで繰り広げる最高のプレーを今年も楽しみたいと思う。

2016年3月24日

6 アメリカ事情

メジャーの気になる問題を書いたらたくさんあるもんだな〜

4月5日でメジャーリーグも今季が開幕した。

一時期は本当に多くの日本人選手がメジャー契約をしてこの日を迎えていたが、今季のメジャー契約選手は投手7名、野手2名の9人である。少なくなってしまい、寂しい気がする。

特に2001年に初めて野手で契約したイチロー選手が残っているにもかかわらず、あとに続く選手がサンフランシスコ・ジャイアンツの青木宣親選手一人という野手陣の少なさが目立つ。投手陣はニューヨーク・ヤンキースの田中将大投手、ボストン・レッドソックスの田沢純一、シアトル・マリナーズの岩隈久志がスタンバイOKというところで、上原浩治、ダルビッシュ有、藤川球児、和田毅と開幕には間に合わないが、準備している状況で、評価も高いものがある。その中から田中投手は開幕投手に選ばれての登板だったが、5失点の敗戦投手という結果に終わり、次の登板に今季のチームの大きな期待を果たしたいところだ。青木選手は1番打者として好調な滑り出しを見せ、イチロー選手は代打での出場で凡打したが、そのあとの「結果を出していかないと」という前向きなコメントが印象的だった。

さすがに長年、一流というポジションでプレーをしてきた選手らしいコメントと思いながら見せてもらった。日本でも、メジャーでも結果を残してきた選手だけがここに残れるということを言い表している。是非、全員がいい結果を残してシーズンを戦ってほしい。

そういえば、メジャーリーグのことでもう一つ気になったコメントが、デトロイト・タイガースで8年連続200投球回を記録して7年連続開幕投手を務めてきたジャスティン・バーランダー投手の発言だ。

「靭帯損傷への持論」を述べていて、「過保護が原因、マイナーで故障しておけば昇格後は大丈夫なのに、過保護がケガを先送りしている」という持論を展開していた。

確かに私の知っている限り、最近はドラフトされた投手たちが20歳前後でメジャーのマウンドに上っている。しかし、多くの投手が1、2年で故障に見舞われていることが多く、昔の投手たちは、なぜ故障に関する話が少なかったのかと思うことがあるが、昔の投手たちはマイナーリーグでしっかりとした先発投手の経験を積んで、色々な出来事に対して対処する方法を学んでからメジャーリーグに上がってくる。だから故障というものに対して免疫が出来ていると考えた方がいいようだ。

マイナーリーグで故障に対処出来なかった投手は、消えてしまっているということではないだろうか。

特別な投手と見られがちだが、ノーラン・ライアン投手、ランディ・ジョンソン投手、ペドロ・マルティネス投手、ジョン・スモルツ投手、カート・シリング投手、ロジャー・クレメンス投手という歴史に名前が残る投手たちはまったく故障というものをしないで長くプレーしたかのように言われるが、恐らく故障に対して非常に上手く対処しながらプレーしてきたのだと思う。

ではその対処の仕方をどこで学んだかというと、恐らく入団してすぐに経験するマイナー時代ではないだろうか？　少なくても3年から5年にわたり多くのことを経験した。監督、コーチに教えられたこと、自分で掴んだものもそうだろう。彼らのデビューはだいたい23～24歳あたりと記載されているから、マイナーリーグを経験していると思われる。

いまの若手の特にボールの速い投手たちは、入団してすぐにメジャーで投げることも多く、このようなことを経験する時間を与えてもらっていないと見ることが出来る。だから大きなケガに結びついてしまうのではないだろうか。

ダルビッシュが言うように中4日での登板が原因か？　だとすると、もっと多くの投手が昔から手術をしているはずだし、選手を大切にするアメリカでメジャー契約選手をそんな危険に晒すはずはないと思う。多くのデータのもとに現在の投手ローテーションのシステムが作られ、使われているはずである。

いずれにしろ、早急に問題分析をして解決策を見つけたい問題である。

そして試合の時間短縮の問題が声を大きく取り上げられてきたが、この問題は年々長くなる試合時間をここらで一度考えようということだと思う。考えるヒントはアメリカではテレビの中継のコマーシャルタイムの取り扱いにある。最初の1球から、最後の1球まで、すべて見せるという方法論で、テレビの中継が止まっている間、審判はプレーをかけてはいけないというテレビの扱い方が大きいだろう。

日本では投手の投球間隔に日米の差を見ることが出来る。外国人投手同士が先発した時の試合時間の早さを見ていると、投球間隔が日本人投手より遥かに早く、テンポがいい。だから試合時間が短くて済んでしまう。また日本の場合、打者が打席を外してサインを見る行動に問題点がある。緊迫した時なら当然だが、監督のサインがこの場面では絶対にないだろうと思う場面でも打席を外してサインを見ている光景をよく見る。それ以外でも攻守交代での時間の意識、リリーフ投手、代打の野手の交代なども速やかな行動が考えられる。

この問題を考える時に私はいつも春と夏に行なわれる甲子園での高校野球を参考にすると時短のアイデアがあると考えている。是非、この点も参考にしてほしい。ちなみに高校野球の1試合平均は2時間15分くらいである。

もう一点、キューバ選手の問題である。昨年契約した選手が表向きは「ケガ」という理由で開幕しても日本に来ない。これは大きな問題である。契約してなく、口約束などならば仕方がないが、契約書にサインをしていたとすれば、これは大きな問題にするべきだ。

私の言っている選手はグリエル選手で彼はアメリカとキューバの国交が雪解けムードになってきて、メジャーリーグに行ける道が見えてきたから日本に来ることを拒んでいるようにしか見えない。この点はコミッショナーがしっかりと対処しておかないとあとの選手に迷惑がかかる。

アメリカのことで最近少し気になる問題を書いてみたら、たくさんあるもんだな〜〜。

２０１５年４月14日

7 メジャーへの準備

日本から行った優秀な投手たちが苦しんでいる

我々の日本球界を代表する投手たちが何人メジャーリーグに挑戦をするようになって、何人が無事に卒業してくれただろうか？　１９９５年野茂英雄投手がメジャーの硬くて重い大きな扉を開いてくれたお陰で多くの向上心に満ちた若い投手たちはチャレンジの場を与えてもらい、頑張っている姿を見てきた。

そんな投手達が最近話題になっている肘の故障に陥り、「トミー・ジョン」手術を受けるところまでいってしまっている。

特に最近は多いように感じるのだけれど、これは時代というものも関係しているかもしれない。昔ならば手術をしなかったところを、いまの時代は手術した方が時間的に早く復帰出来るという理由で踏み切る若い選手も多い。恐らくニューヨーク・ヤンキースの田中将大投手も遅かれ、早かれ、お世話になるのではないかと想像出来る。ダルビッシュ有投手は早めに決断したという感じに受け止められる。これで日本から行った何人の投手が手術を決断したか？　日本球界にいればそんなに聞くこともない数字が出てきて、こんなにあるのかな〜〜と考えてしまう現象である。

何といっても多すぎる。

私の中で強烈な印象を残している投手が、1982年にニューヨーク・メッツのドラフト1巡目（全体で5位）の指名を受けて10代に入団して活躍したドワイト・グッデン投手が頭から離れない。彼は1983年A級リンチバーグに配属されるが19勝4敗の成績で防御率2・50、何と言っても驚くべきは300奪三振を記録したことで、当時のメッツの監督、ジョンソンが奪三振の多さに魅せられてメジャーリーグ昇格を決めた。

1984年4月7日アストロズ戦で98マイル（156キロ）のストレートと縦に落ちる大きなカーブボールが武器で、5回1失点の投球で19歳4カ月でメジャー初勝利を記録、前半戦8勝5敗、防御率2・84の成績で終えると、後半戦は勢いをつけて終わってみると17勝9敗、防御率も2・60に上げて終戦。最多奪三振276個、新人王のタイトルを獲得。

20歳を迎えた1985年には24勝4敗、防御率1・53、サイ・ヤング賞受賞、268奪三振の成績を残している選手で、驚くべきは入団して5年間で91勝35敗という数字には彼の持っている素晴らしい才能が見える。

最終的には194勝112敗という数字を見ると、物足りない数字になるが、その原因は6年目からの出来事が大きい。この選手は1987年に春のキャンプ時に薬物の「コカイン」に陽性反応が出てリハビリセンターに入院、ここから野球人生が少しずつ狂っていくのが気の毒だが、現実である。

私がいま「気の毒だが」というコメントを書いたが、なぜ気の毒かというと、彼の出生地が当時、ハーレムのあまり環境のいいところではなく、当然友人も麻薬の売人、常習者、親戚にもそのような人がいてなかなか関係が断ち切れなかった。そんな環境の中で育ち、のちに野球生活を送らなければならなった点が気の毒にというコメントにつながる。

人は人気者になるとどうしても周りが寄ってきて、昔からの「恩」を感じるようにしむけられる。野球選手をこのような環境でなく、専念することが出来たとしたら、彼は間違いなく

300勝近くの勝ち星を残して選手生活を終えたと思う（私の勝手な想像ですが）。

そんな過去の先輩がいるだけに1年、2年で故障が起きることに少し引っかかるのだが、特別な訓練方法があるのならば教えてもらわなければいけないし、若い時に準備しなければいけないところであるならばこれも役に立てたいところだ。彼は先ほど私が言ったマイナーでの経験がほとんどなく、メジャーで活躍しているだけに参考にしたい投手である。

最近は選手をファームで育てるマニュアルがどのように変化したか？　調べてないのが気がかりだが、以前は優秀なドラフト上位の選手であっても、投手ならば先発経験を100～150試合前後、打者では2000打席の経験を積ますマニュアルがだいたいどこのチームでも普通だったように思う。

そこで好不調の対処、ケガに対しての経験、相手の研究の仕方、いわゆるメジャーリーグに上がって必要な経験をして備えることで早い選手でも3年、普通5年の時間をかけて育てるという時間を設けていたように思うのだが、最近はなかなかその時間を作ることが出来ず、特に優秀な投手は何の準備もせずにすぐにマウンドに送り込んでしまう傾向にあると思う。

これには中南米の野球事情もあるが、中南米の野球選手は投手志望者が少ないということも影響しているかもしれない。彼らは野球という競技は「打つ」競技で、守りにあまり興味を示さない。投手をやると、5日に1試合しか野球の試合に出られないということは不本意で、毎日野球のゲームをしたいということになると投手はしたくない。

当然投手の人数が少なく、優秀な投手が生まれ難いという図式が出来上がる。そこで日本から優秀な投手が多く、メジャーに参加するということにつながっていると思う。

そんなところで野茂投手が切り開いたメジャーリーグの扉がいまは大きく開き、1964年の村上雅則投手から数えるとメジャーリーグに登録された投手は38名になる。

登録された選手全体で52人だからいかに多いかが見えると思う。そして最近の投手で肘の手術に追い込まれる投手がいかに多いか？　ここは考えるところがあってもいいと思う。過去の先輩に知恵をいただくのも悪いことではないだろう。

日本から行った優秀な投手たちが苦しんでいるだけに日本の球界をあげて考えることが必要だと思うし、考えてほしい。

2015年5月12日

8 日米の記録を検証

だから向こうは素直に認めるわけにいかないのだろう

初めてアメリカで野球の練習をしたのが1970年、当時多くの球団が参加していた「教育リーグ」という秋に行なわれていた16、17、18歳の若いプレーヤーを育てるイベントで、カープからは備前喜夫コーチを団長に、山本一義さん、大石弥太郎投手、白石勝巳投手、山本浩二選手、三村敏之選手、そして私の7人がアリゾナ州フェニックスで行なわれているリーグに参加させていただき、ヒューストン・アストロズのチームに入るということになった。これがアメリカで初めて野球の練習、試合を経験する機会だった。

この時に感じたことは「時間をかけて選手を育てるのだ」ということが一番印象的だった。当時の力からすると我々の方が当然上でした。ただ、メジャーで通用するところまではなく、トリプルAのレベルだと思う。そのレベルからいまの日本の野球が進歩したか？　多くのアメリカの野球ファンは当時と同じレベルで日本の野球を見ていると思った。

根本陸夫監督の時に春にアリゾナ・ツーソン（インディアンス）、秋にフロリダ・ブラデントン（パイレーツ）、両方ともにメジャーリーグの施設で練習させてもらい、実際にメジャーリーグの選手と練習をして、見せてもらった。この時、体の違い、スピードの違いを一番に感じて、野球の精密さに置いては我々は付け込む隙があるということ、そこのところくらいまで来たと思っていた。

野球という競技で勝利を得るには短期決戦ならば、テクニックで十分に勝つチャンスはある競技だと思う。パワーで相手を圧倒して勝つ、スモール・ベースボールを徹底して、投手陣を中心にして勝機を狙う。後者は短期であれば有効だが、長期になるとスポーツの本質である体力でもたないということになると思う。

ここが現在の日米野球の差としてある。

ここを解消するには時間をかけて経験するしかない（日本は2015年から143試合になりましたが、メジャーリーグは162試合、154試合に短縮という話もあるが、日本よりも長年多くの試合をしてきている）。

もう1つは「ドラフト」会議を日米共同で行なうところまで来なくては、本当の意味で追いついたということは出来ない。野球のすべては育てるところにあるわけだから、ここを大切に考えたい。

1996年連続試合出場記録が当時ボルチモア・オリオールズのカル・リプケンJr.選手によって新記録が樹立されるということで、私は招待を受けてカンザスシティに行き球場で多くの野球ファンの祝福を受けた。その時、肌に感じたことは「海の向こうにも素晴らしい記録保持者がいた」というアメリカの野球ファンの喜びの声だった。

センターのオーロラビジョンに私のプレーしていた頃の姿を映し出して彼らは日本から来た私を本当に歓迎してくれて、この記録の本当の意味を拍手の中に込めてくれました。街でも多くの野球ファンに質問を受けた。そして彼らの野球を見る目が「世界で最高の野球の試合が見たい」国籍は関係ないという言葉でしたが、これは自国の選手に対しての絶対的な自信があっての発言だと感じた。どの国においても自分の国で行なわれている競技が世界一であってほしいと思うのは当然ではないかと思う。

今回のイチロー選手の4000本ヒットに関して、アメリカが素直に日本での数字を認めることが出来ないというところがあるとすれば、もう二度とこのような凄い記録が出来ないというこをマスコミ関係者、野球関係者、ファンは知っているのではないかと思った。だから素直に認めるというわけにいかないのだろう。

彼らは自分たちの国の野球を心から愛しているし、そして大切にしている。それが私が一番に感じるところである。

多少、自国アメリカに身びいきなところがあるが、それがアメリカの「野球ファン心情」である。現在メジャーリーグでプレーしている外国人選手は全体の28％という数字がある。将来的に、日本と同じように比べることになるかもしれないのが国交回復を協議している「キューバ」の国内記録ではないだろうか？

誰か出てくるとすれば『例えばリナレス』あたりが面白い。早い時期にアメリカとキューバが政治的に国交回復して野球選手が自由に行き来出来るようになると楽しいだろう。

ちなみにメジャーリーグ外国人選手比率を見てみると、全体の28％、２２９人のうち、ドミニカ86人、ベネズエラ58人、プエルトリコ21人、日本14人、カナダ13人、メキシコ12人が主な国である。

２０１５年6月13日

9 イチロー

成功している人に共通しているのは自分を「心より愛している」こと

2015年8月15日（現地時間）、セントルイスで行なわれた試合で、メジャーリーグに挑戦した時には本人さえも考えもしなかったであろう「タイ・カッブ選手」の残したヒット数4191本を追い越して4192本のヒットを記録したイチロー選手。

日本での記録が含まれているから色々と言われているが、本人が公式試合で残したヒットに間違いない（日本では1試合あたりの安打数は1・34本に比べてアメリカに来てからは1試合で1・37本、アメリカでの試合の方が確率が上がっている点が面白い）。

その瞬間にセントルイスの多くのファンが大きな拍手で祝福してくれたシーンに「戸惑った」という表現で喜びを言葉にしたイチロー選手。

この言葉には多くのことが含まれているだろう。本人しか分からない世界がどれだけあるのだろうか？　でも彼はやりきった。

そして、数字の世界ではあるけれども「ピート・ローズ選手」の残した4256本という次なるターゲットに向かって走り出したイチロー選手。そんなときだから思い出すことがある。

2001年4月シアトルの開幕戦に日本人として初めて「野手」で登録をされ、そして開幕戦のスターティング・メンバーに名前を刻んだ選手、それがイチロー選手である。

キャンプでは多くのアメリカの有名なマスコミの人、選手を終えたOBの解説者、みんながイチローという選手に興味津々で、日本では大きな成功を収めた選手がメジャーでどこまでの活躍が出来るのか？　特に打撃に関してどこまでの成績が残せるのか？　と、注目していた。

新聞、テレビで色々な意見が飛び交うなかオープン戦も無事に終えて開幕戦に臨んだイチロー選手。幸せなことに、私はその開幕戦の放送席から見ることが出来た。自分ながら運の強い男だと思う。

「1番、ライト、イチロー」このアナウンスが聞こえた時、本当に身震いするほど嬉しかった。いまも変わらない腰高で大きなストライドでベンチから勢い良くライトのポジションに向かって走っていった。

思えば中学生の後半からサンフランシスコ・ジャイアンツのウィリー・メイズ選手に憧れて、追いかけてきたメジャーリーグ好きの私にとって、古くはサンフランシスコ・ジャイアンツの村上雅則さん、そして重たいメジャーリーグの扉を開けた野茂英雄投手はじめ、すべて投手である。

野手は誰も評価してもらえず、メジャーリーグに上がっていないという現実。それを今日初めて打ち破り、開幕戦に登場したイチロー選手。

あとは外野手として1本目のフライボールを取りアウトを記録するか？　そして永遠に残る記念の1本目のヒットを記録出来るか？　期待が膨らむばかりの開幕戦。アナウンスを聞きながら嬉しくて嬉しくて、感激に浸っていたのを思い出す。

多くのアメリカのマスメディアの評価は「良くもって夏場までかな？　あの体力では7月まで、もたないのではないだろうか？」と、メジャーリーグの選手に比べてスリムな体型を見ながら、打つとか、打たない、という評価の前に試合に出られる体が問題だろうという声が多く聞こえたのを覚えている。

そんな周りの心配をよそに1年目の成績は、みんなを驚かす素晴らしい成績で終えた。

ここから始まったアメリカでの選手生活、日本にいるときと同じように野球を楽しみ、メジャーリーグの投手との対戦することを楽しみ、多くのアメリカの野球ファンに攻守にわたるスピード野球の楽しさを思い出させてほしい。

本塁打だけが野球の魅力ではないのだということを証明する活躍を見せた1年目、2年目のイチローを、

「この日本から来た選手はどこまで行くのだろうか？」

と、初めて見たときの自分たちの見方が間違っていたことに気がついた人が多かったことだろう。2年目のスランプとよく言われるがそれも一気に飛び越えて、勝負の3年目。

よく言われる「石の上にも3年」という言葉の中身を考えると「3年間成績を残したら周りの人が信じてくれる」という言葉に置き換えることが出来ると思う。3年目は自分も、周りも難しいものである。その3年目は苦しんだシーズンであるけれども、212本のヒットを記録

して周りの声をシャットアウト、見事なまでにメジャーリーグの選手になったと思った。日本から来た目標、目的「究極の1番打者になる」に徹して、本塁打を捨て、あくまでもヒットに自分の打撃の方向を定めての3年間ではなかっただろうか？

そこから11年、チームも変わり、環境も変わった中で変わらないのは野球にひたむきに挑戦するイチローという選手だけではないだろうか。いついかなるときでもイチローという野球選手でい続けているという素晴らしさを見せてくれている。

周りの人からすると簡単なように見えるが、ここが一番難しいところで、年齢とともに頭も身体も変化してきて、何より周りの人の目線が大きく変わってくる中で同じ自分をキープすることはもの凄く難しい。

その中でひたすら野球に挑戦して、多くの先輩の背中を追いかけて、日米での通算記録ではあるものの、とうとう4000本という「究極の世界」としか言えないところに足を踏み入れたイチロー選手。豪快な本塁打ではメジャーリーグで勝負は出来ないけれど、この打率という世界では日本人も勝負出来るのだよ、という証明をしてくれた。

誰にでも出来るとは思わない。野球を心より愛しているイチロー・鈴木という選手だから出来た。

広い世の中では多くのことにチャレンジする機会がある。しかし、そこで成功している人を見てみると、共通しているのは自分のしていることを心より愛しているということではないだろうか。

自分を信じて、成功を信じて、努力を重ねることの出来る人。同じ時代にこんないい先輩を見る機会をもらったのだから、一人でも多く、メジャーリーグを目指す若手選手が出てきてほしい。こんなに勇気づけられる記録はめったにないのだから頑張ってほしい。

イチローは苦しみながらもメジャーでの2933本目のヒットを記録して、歴代単独で34位になり、33位のバリー・ボンズ選手まであと2本という位置に付けている。

苦しい立場をものともしないで毎日、毎日自分のやるべきことを黙々とやっているという姿にイチローという選手の心の中を見るような気がする。

2015年9月20日

第2章

成功への鍵の開け方

10

一年の計は元旦にあり

「人」という難しい生き物が分からないと思う瞬間

暖かい日差しのなか2016年の新年を迎えた。驚くほどの暖かさを連日記録しているのではないだろうか？　カレンダーの関係で今年は仕事始めがどこも早いようだ。三が日の次が月曜日という組み合わせで「なんでだよ〜」と嘆いている人もいるかもね。

とはいえお正月という祝日を持っているのはアジア系だけで、欧米では2日から普通に仕事をしているのだから頑張らなくてはいけない。

最近は色々と考え方、感じ方が環境により大きく変わってきた、ように思うだけに難しい時代に入ってきたと思う。これもいま、日本はあまりにも豊かな時代を迎えているからそのような感覚を持っているのではないか、それとも人間の進化がそうさせているのか、それが人という難しい生き物が分からないと思う瞬間である。

次に、今年大きな変化が見えるかもしれないのが、選挙権を「18歳から」という改革が施行されて、この夏に初めての選挙が行われることではないだろうか？　どのような反響が出るか？　結果が見られるか？　いままでの結果とどう違いが出るのだろうか、とても興味深いことである。18歳の選択はどの方向を指すのだろうか？　どんな選択をするのか、どのくらいの人が選挙に参加するのか？　日本では初めてのことだけにとても興味が湧いている。

もう一つはオリンピック・イヤーであるということである。世界の国々から素晴らしい選手が一堂に集まり、それぞれの競技の最高レベルの技を見せてくれる祭典である。人間の限界への挑戦といってもいい競技の内容をじっくりと見せてもらえる時間が生まれる。トレーニングシステムも進み、メンタルトレーニングも、コンピューター分析も、栄養学も身体管理も全て最高のスタッフを揃えて臨む4年に一度の舞台で、選手たちはどんなパフォーマンスを見せてくれるか？　いまから楽しみでならない。

新年を迎えると、次から次から興味が湧いてくるのだけれど、やはり最大の関心は、私が長年プレーをし、多くの方から素晴らしいことを教えていただき、技術面でも、精神面でも鍛えられ、大きく成長させてもらった野球界がやはり気になる。

最近は小さな子供たちが、公園で野球もどきの遊びをしている姿を見る機会がなくなり、ちょっぴり寂しいな。私は、小さな頃から野球チームに入り厳しく教えられることには少し抵抗がある。

小さな頃には遊びという入門編があり、その次に学校のスポーツで友人と競い、野球の面白さが少し分かってきたところでチームに入り本格的にという私の考えでは遅いのかな？　そして高校野球で甲子園を目指しての日々を過ごしてほしい。日本の野球を育てたのは大学であるけれども、いまは甲子園が日本の野球の原点のように感じている。高校野球で頑張った経験はその後《のち》に社会に出て多くの苦しいこと、腹がたつこと、悔しいことなどを乗り越える時に大いに役に立つ経験をさせてくれる。

甲子園出場という、大きな目標を持ち日々、一生懸命に頑張ることの楽しさを是非経験してほしいものである。すべての選手が甲子園に出場することは出来ないが、その後に大学や社会人で頑張る選手、プロ野球に進めるチャンスを掴んだ選手、それぞれが選んだ人生の道を歩いて行くことを考える時間をくれるだろう。

そんな中から選ばれた選手が集まるプロ野球が今年どんなドラマを見せてくれるのだろうか、12球団の監督がどのような夢を抱いてこの1月を迎え、2月のキャンプの構想を練っているのだろうか。

特に今年はセ・リーグでは3人の新しい監督が誕生し、中日の谷繁元信監督が監督専任になることを考えると4人ということになる。それぞれのチームをどのような方向に持っていくか？　人気球団の巨人、阪神の監督が代わり、多くのファンは新監督に何を期待しているのだろうか。

当然巨人軍の高橋由伸監督には「優勝」だろう。そして阪神の金本知憲監督にもファンの期待は当然「優勝」であるはずだ。

優勝チームは1つだけに大変な戦いになることだろう。DeNAは外国人監督を選び球団として何を求めているのか？　チームの改革かな？　それとも選手の意識改革かな？

監督専任になった谷繁監督が2年間の選手兼任監督の経験をどのように活かした戦い方を見

せるか？　広島の緒方孝市監督が今年はどんな野球を目指しているのだろうか？　昨年は戸惑い気味の戦い方が見えたが、今年は自信を持った戦いが出来るか？　そして昨年見事に優勝した東京ヤクルトの真中満監督が選手をどのようにしてまとめて今年戦うか？　優勝チームの次の年の難しさを経験することになると思うが、どのように乗り越えるだろうか？　見どころ満載のセ・リーグとなることと思う。

そしてパ・リーグでは福岡ソフトバンクが連続優勝記録をどこまで伸ばすのか？　往年の西武球団の連勝記録に近づくか？　そんなソフトバンクを阻止するチームは現れるのか？　こちら側は東北楽天に久しぶりに監督として帰ってきた梨田昌孝監督、パ・リーグ育ちで監督経験も豊富な監督だけに昨年ひどい成績に終わったチームをどんなチームに生まれ変わらせることが出来るか？　大変興味深いチームになるだろう。

千葉ロッテの伊東勤監督もそろそろ結果が欲しい時期になってきたところだろう。オリックスの福良淳一監督は昨年の失敗を何としても取り戻したい年になり、埼玉西武の田辺徳雄監督も監督としてもう少し選手を理解し、自分の目指す野球をやりたい時期だろう。

北海道日本ハムの栗山英樹監督は若手選手をどのように鼓舞して成績を残させるか？　ここにこのチームの活性化がかかってくるだろう。

今年もこんなことを考えながら1年を過ごしていきたいと思う。

野球の勝敗を分けるのはチームの戦い方の方向がどこまで徹底して選手に理解されているか、

またチームの戦い方を信じているか、これが143試合という長丁場を乗り越えるにはどうしても不可欠な要素と思う。

人間という動物は「理解した」と思っているうちに「忘れてしまう」動物だと思うだけに、ことあるごとに繰り返して考えることが必要になり、それを大切にして最後まで戦い抜いたチームに至福の喜びが来るのだと思う。

2016年1月6日

11 頑張れ、セ・リーグ
強いチームがなくして、進歩した競技はあり得ない

子供の頃、草野球を始める時に監督さんが守備位置を決める時に公平さを期《き》するようによく言われた「全員一列に並べ！」という言葉。ここからレフトに向かって全員でボールを投げる。一番遠くに投げたものがピッチャー、2番目がキャッチャー。

「いくぞ！！！」順次、監督の声が響く中みんな一生懸命にレフトに向かってボールを投げる。こうして守備位置が決められたのを覚えている。一番遠くに投げられるということは肩が強いということで、速いボールが投げられるという判断でのことだろう。

いま考えると不思議だが当時は監督を信じた。試合に出ることが嬉しくて嬉しくて、試合で

ゴロをアウトにした時の喜び、ヒットを打った時には走るのを忘れて飛び上がって万歳をしていたあの頃、懐かしいな〜〜。そして監督が選んだ投手が頑張って試合に勝てばみんなニコニコしながら家路に着いたものだ。

「野球は投手次第だ」高校野球に進んでからつくづく教えられたが、試合に勝つ喜びは小学校の頃から教えられた。

2015年にプロ野球で初めてという現象がセ・リーグで起きた。

勝率4割台で首位のチームが出現、2回に一度勝ってないということである。そのチームがリーグの首位にいるなんて、考えたこともない現象です。というところで先ほどの「投手」が出てくる。2回戦って一度も勝てないということは投手が悪い、私流に言うとこうなる。選んだ監督さんが悪いのですか？　プレーした投手が悪いのですか？

このような現象が起きるのは交流戦が始まってからだ。2005年から始まった交流戦が悪いのである。それ以外ない。勝率4割台での首位チームが出現した2015年の交流戦のセ・リーグの成績は44勝61敗3分、白星をパ・リーグのチームがみんな持って行ってしまったからこうなってしまった。こう説明するのは簡単だが、これだけだろうか。

各チームの投手3本柱を覗いてみた。

首位のヤクルトは37勝38敗で、中心になって投げている投手は小川泰弘投手（4勝4敗）、石川雅規投手（4勝7敗）、移籍の成瀬善久投手（3勝7敗）、みんな勝ち越していないということだ。

防御率がむちゃくちゃ悪いわけではないのだが、勝ち越していない。

2位の阪神タイガース、36勝37敗、昨日の敗戦は考えられない負け方をしてしまった。勝っていればこんな文章を書かずに済んだのに……。能見篤史投手（5勝8敗）、メッセンジャー投手（5勝5敗）、藤浪晋太郎投手（6勝4敗）初めて勝ち越し投手が出現した。

3位のチームが巨人で37勝39敗、ヤクルト、阪神に0・5ゲーム差です。1個の負けがこの差になっている。菅野智之投手（6勝6敗）、杉内俊哉投手（5勝4敗）、新人の高木勇人投手（6勝5敗）をポレダ投手、マイコラス投手がリリーフで助けた。

4位のDeNAが36勝38敗ここも2個の負け越しです。久保康友投手（5勝4敗）、井納翔一投手（4勝5敗）山口俊投手（3勝1敗）、先発で安定していたモスコーソ投手をリリーフに回した。

5位の広島は一時期は8個あった負け数が2個になった。もう一息だな。35勝37敗、前田健太投手（7勝5敗）、黒田博樹投手（6勝3敗）、ジョンソン投手（7勝3敗）、野村祐輔投手（3勝5敗）、福井優也投手（6勝2敗）、新人薮田和樹投手が巨人戦で初勝利、安定している投手陣といえる。

そして少し間を空けられた中日だが、まだ9個の負け越しなので後半の戦い次第では上位に来ることは可能だ。上位がもたつくようなら優勝争いも出来るかもしれない。ただし、上位がもたつく場合だ。

　さてこうして書くと、広島が圧倒的に投手陣では優位に立っているように見える。ただ、圧倒的な安定感を持っている抑え投手がいない点がこのチームの弱点でしょう。ここが解決出来ると走る可能性があると思う。いまの勢いを持っているとヤクルト戦で首位ということも十分に考えられる勢いだ。

　阪神のチームが走るためには昨日も感じたのだが、終盤に鳥谷敬選手が3点目を入れて8回にも一死満塁のチャンス、ここで1点入れれば昨日の試合は阪神でした。その時点でDeNAは諦めたでしょう。ここで点が入らなかった時点で流れは我々の方に来た、とDeNAのベンチは感じたことと思う。

　以前から言っているが、阪神は大差がついて相手が諦めるまで打たなければいけない。

　中核選手だったマートン選手が悪い状態で、彼の打ち方は詰まるのが嫌で前でさばこうとしすぎた。彼は、遅れ気味にバットが出てきてセンター前、ライト前にヒットを打つタイプだが、いまはベースの前でさばこうとしてボールを追いかけているために自分のスタイルが出来なくて苦しんでいた。あれだけ実績を残した打者なので自分で直すだろう。そうするとチームは楽になるんだけど。

　ヤクルトはバーネット、オンドルセク、ロマンという外国人投手が頑張っていて、チームの安定をもたらしている。それにより秋吉亮、久古健太郎、中沢雅人投手というところも力を発揮しやすくなった。

巨人は何といっても内海哲也投手がいなかったのが痛かった……。私は以前から打線の中心は4番打者の安定だということを言いますが、投手陣にもこの傾向はあり、先発投手が6人いますがその中で1人の中心になる投手がいることが大変大きな力を発揮することになる。

その立場の投手が長年、巨人の投手陣を良い時も、悪い時も支えてきた。移籍の杉内俊哉投手でも、大竹寛投手でもない生え抜きの内海投手だ。

新聞等ではもうエースは菅野投手のように言うけどまだ早いと思う。それにはもう少し実績が必要である。

6人のローテーションで1週間の試合を回すとき連敗ということが時としてある。そんな時に当日投げる投手は大きなプレッシャーに包まれて投げなくてはいけないが、前日にエースと言われる投手が勝ってくれた翌日に投げることが出来たとしたらどれほど楽か？　連敗をしっかりと止めてくれる信頼感を示せる投手こそがチームのエースなのである。

それにはしっかりとした実績が欲しい。中日でいえば今年大活躍している大野雄大投手ではなく、吉見一起投手である。彼が本格的に復活してきたら中日投手陣は全員立ち直るだろう。申し訳ないが山井大介投手ではないということだ。

その中日はここにきて若手をかなりテストしている。若松駿太、伊藤準規、西川健太郎、鈴木翔太投手らを夏場に備えてテストされた。

いずれにしても5割に満たないチームが首位を走るというみっともないことは1日も早くやめてほしい。

スポーツ競技というものの進歩は強いチームを下にいるチームが一生懸命に練習して追い越すことにファンの感動を呼ぶものである。強いチームがなくて、進歩した競技はあり得ない。ここのところをしっかりと自覚してほしいものだが……。

（選手の成績は7月4日時点）

2015年7月4日

12 メンテナンス

上を目指す途上の最大の敵は「故障」かな

近年にないほど今年は高校野球を見ている。参加している選手全員が本当に大きくなった。トレーニングの成果がハッキリと表れていることがテレビで見えるほど素晴らしい。その成果だろうか、打球がハッキリと速くなっていると感じているが、どうなんだろう？

グラウンドが少し硬いかな？　連日の試合で整備もなかなか追いつかないところはあるが、ゴロの早さがプロ野球選手の打球のように強く感じる。そのようなチームはバットの振り方も確かに理にかなった振り方をしているが、それにしても多くのチームの打球が速くなってきているように感じた。

メジャーリーグでよく言われる言葉に、「ルーキーリーグの打球と1Aの打球は少し速さが違う、そして2Aに行けば、また打球が速くなり、よりメジャーリーグの打球に近づく」というものがある。そのような経験をしながらメジャーリーグの打球の早さに慣れていくものだ。以前アメリカによく取材に行っていた頃、ときどきまったく雰囲気の違う選手を練習でよく見かけたものだ。

ファームの選手を打球の速さに慣れさすため、見せるためにスカウトが何人かの選手を連れてグラウンドに来ていたのを見る機会があった。その時には意味がもう一つ分からなかったが、いまにして思えば大切なことである。守備の基本中の基本は「恐怖心を持たないこと」だ。打球が速いと恐怖心が湧くものである。だからファームの時代から時々メジャーリーグの打球の速さはこんなもんですよ‼　と見学させているのである。

野球をあまり見ない人、しない人も当然世の中には多くいる。そんな方と話をすると、「投手のボールは怖くないですか」「打球の速さは怖いですか」と必ず聞かれる。野球というゲームを経験してない方からすると、いきなり投手は「140キロのボールを投げて」打者はいきなり「長嶋茂雄選手のような打球」を放つのだと思われている。

人間、生まれた時には裸で生まれてくる。そこから色々な知識を身につけ、知恵を発揮して人間は成長していくものと思う。野球選手も同じで、幼稚園の子供にボールを投げてもらうと、その時代のボールの速さが出て、小学生が投げると少し速くなり、中学生から、高校野球につながってくる。

本当に高校野球の投手は速いボールを投げる時代になった。そして多彩な変化球を駆使するようになってきている。

この時代の投手の肘、肩の骨はまだまだ成長過程で、上手く導いてやればいい方向に、悪い使い方をすれば故障してしまう。そんな時代だけに見ていて少し複雑な心境だ。甲子園というところは経験した選手に言わせると「なんとしても勝ちたい」と思う。だから多少の無理はする、自分のためにも、チームメイトのためにも、頑張りすぎる。

高校野球が最終の場所に考えている選手もいるが、この先に終着駅を持っている選手を見ると「簡単には行けないよ」と思ってしまう。上を目指す途上の最大の敵は「故障」である。無理をするなとは言わないが、手入れを十分にしてほしい。

レベルが上がれば、上がるほど疲れが増すものだということを知ってほしい。以前と同じ方法でのメンテナンスでは足りないところが出てきているかもしれない。高野連とプロ野球選手会が中心となって、高校生が技術的な面で現役の選手と色々な交流を持つのもいいが、私が一番交流を深めてほしいのは、この面でなく、多くの選手の身体を見てきたトレーナーとの交流を是非にも勧めたい。

なぜここが進まないのか分からないのだが、日本で少なくともトップの場所で活躍している選手達が多くのトレーナーはそれだけの知識を持ち、経験を積んでいる人が毎日頑張っているだけに、間違いなく故障の傾向を教えてくれるだろう。また、手入れをしてもらっている人からは多くのこと学べるだろうということを知ってほしい。

そして良い練習を重ねて野球のレベルをより高いところに持っていってほしい。

2015年8月20日

13 「勝敗」の鍵の開け方

私の独断と偏見で考えた「???」

今回は「野球の勝敗の70%は投手で決まる」という角度から投手の役割について考えてみたい。2015年を振り返って各チームで勝ち星を挙げた投手が何人いたか？　勝ち星を計算していたのに勝てなかった投手などの数字を参考にして今季の戦い方を提案してみた。あくまでも私の独断と偏見の中で考えたことですから、中には「???」と思うものも出てくるけど……、そこはご容赦を。

2015年、オールスター戦前まで首位の位置にいたという健闘を見せたDeNA、後半戦チームとしての戦いに陰が出てしまったとしたら「投手陣」だったでしょう。

後半が始まり「さあこれから！」という気持ちは十分にあっただろうDeNA、この意気込みがプレッシャーになったのか？　チームシーズン暴投のプロ野球タイ記録を作ってしまうということで、１９９０年のロッテと同じ68個は何か関係があるように感じてしまう。

後半戦が始まって９試合で１勝８敗、先発投手がことごとく打ち込まれた。20日初戦の久保康友投手、２戦目の三浦大輔投手、３戦目の石田健大投手、４戦目の井納翔一投手、５戦目の山口俊投手、惜しかったのは３戦目の石田投手が７回投げたが打線の援護なく敗戦、４戦目の井納投手は藤浪晋太郎投手と投げ合ったが、打線が打てずに８回投げたが敗戦投手、これでチームに焦りが出たような感じを受けた。確かに首位というポジションは連日プレッシャーを感じながら戦わなくてはいけないだけにここでの連敗は堪《こた》えたと思う。

久保投手８勝、三浦投手５勝、井納投手５勝、エレラ投手５勝、三嶋一輝投手５勝、長田秀一郎投手４勝、山口投手３勝、国吉佑樹投手３勝、砂田毅樹投手３勝、モスコーソ投手３勝、須田幸太投手３勝、小杉陽太投手３勝、高崎健太郎、石田、田中健二朗投手各２勝、抑えの山崎康晃投手が２勝、三上朋也、林昌範投手１勝という数字が残っていて勝ち星が付いた投手が18人、新人の山崎投手が37セーブと頑張ってくれたがそこにつなげる前に試合を決められた感がある。

一人一人の力を考えてみるともっと勝てると見ているが、このチームの投手は同じことを繰り返す傾向がありそこが見ていて残念である。もう少し相手を研究してほしい。

２０１５年のクローザーは山崎投手で37セーブ、チーム全体の救援陣の防御率は２０１４年が3・51で、2015年は3・39だった。

次に中日というチームを見てみたいが、中日を見てみるとこのオフはかなりの覚悟をもって若返る方向に舵を切ったと思う。シーズンの戦い方にも表れていたが次の時代を作る必要性に迫られてフロント、谷繁元信監督が動き出したようだ。

今季の投手の働きを見ても若返りが進んでいる。大野雄大投手11勝、山井大介投手4勝。若松駿太投手10勝、バルデス投手5勝、田島慎二投手4勝、又吉克樹投手6勝、八木智哉投手4勝、ネイラー投手4勝、吉見一起投手3勝、福谷浩司投手3勝、浅尾拓也投手1勝、武藤祐太投手2勝、高橋聡文投手3勝、西川健太郎投手1勝、小熊凌祐投手1勝、岡田俊哉、野村亮介、浜田達郎、伊藤準規、雄太、祖父江大輔、鈴木翔太、岩田慎司、これらの投手がまだ勝ち星を挙げていないが、十分に力のある投手たちで来季の戦力として計算出来る位置にいると思う。ただ、このチームもDeNAと同じように絶対的なエースの養成が必要だと思う。

もう吉見投手に頼っている時代ではない時を迎えていると思う。多くのことを吉見投手から学ぶことは必要だが、ここ一番の試合を任せる若い投手の出現と岩瀬仁紀投手の後釜をチームは期待している。

2015年の主なクローザーは福谷投手で、19セーブ、チーム全体の救援陣の防御率は、2014年が3・24で、2015年は3・10だった。

続いて広島にいきたいと思うが、黒田博樹投手は別格として、前田健太投手に変わる先発投手の活躍がほしい。ここが大きなポイントになる。前季中継ぎに回した大瀬良大地投手の先発復帰、今村猛投手も私は先発組に入れたいが、監督はどう判断するのだろうか？　この中継ぎのところに九里亜蓮投手を育てたい。

前田投手15勝、ジョンソン投手14勝、黒田投手11勝、福井優也投手9勝、野村祐輔投手5勝、大瀬良投手3勝、戸田隆矢投手3勝、一岡竜司投手2勝、今村投手1勝、ヒース投手3勝、中田廉投手1勝、永川勝浩投手1勝、薮田和樹投手1勝、今井啓介、九里亜蓮、中村恭平、飯田哲矢の3投手が勝ち星ナシ。投手陣は安心と見ていたが、このメンバーを見てみるとそうも言っていられないと思う。早めに整備したいところである。また野村投手が思うほど勝てなかったのが少し響いた。投げ方は良かったんだけどな〜〜。それと福井投手は安心しないでオフを過ごしてほしい。

２０１５年のクローザーは中崎投手で29セーブをマークした。チーム全体の救援陣の防御率は３・７５で、２０１５年は２・７６だった。

優勝したヤクルトだが、小川泰弘投手、石川雅規投手が二桁の勝ち星を記録したがあとのメンバーの数字を見るとこのオフにしっかりと補強をしないと来年は苦しむことになると思う。

そこにロマン、バーネット投手を出したことは、かなりのリスクを出すことになるだろう。どんな秘策があるのか？　このチームは来年も分からないチームなのだろうか？　出足で失敗した小川投手が11勝を挙げたことはこの投手の自力が凄いということですね。成瀬善久投手の頑張りが来季は見たいですね。

小川投手11勝、石川投手13勝、石山泰稚投手5勝、新垣渚投手3勝、成瀬投手3勝、ロマン投手5勝、バーネット投手3勝、秋吉亮投手6勝、オンドルセク投手5勝、古野正人投手4勝、館山昌平投手6勝、山中浩史投手6勝、徳山武陽投手2勝、松岡健一投手2勝、中沢雅人投手1勝、杉浦稔大投手1勝。

2015年のクローザーはバーネット投手が務め、41セーブを挙げた。救援陣のチーム防御率は2014年が4・58、2015年は2・64だった。

問題の巨人軍は打線がまったく元気がなく、自慢の長打がすっかり陰を潜めて相手投手陣に自信を与えたような印象を残したシーズンだった。その中で投手陣にも少し波が来ているのか、リリーフ陣はよく頑張ったシーズンだと思う。ただ、ここも先発投手が世代交代をするのか、内海哲也投手、杉内俊哉投手、大竹寛投手といういままでの中心的な投手が元気がなく外国人投手の活躍が目立ったシーズンだった。

新しく監督に就任した高橋由伸監督がどこまでこの投手陣の内情を理解しているのか？　こ

こから始めないと問題解決にならないと思う。資金的に豊かな球団だが将来を考えると外からの補強ばかりに頼らず、自前の選手を育てることが重要である。

このチームはすぐにグループを組みたがる傾向があるのがどうも気になる。もう少し自分で考えてどんな選手になりたいかをしっかりと見せてほしい。素材としては良い選手が多いだけにもったいない。

マイコラス投手13勝、菅野智之投手10勝、高木勇人投手9勝、ポレダ投手8勝、沢村拓一投手7勝、杉内投手6勝、山口鉄也投手4勝、マシソン投手3勝、田口麗斗投手3勝、宮國椋丞投手3勝、田原誠次投手、高木京介投手、戸根千明投手、土田瑞起投手、各1勝。実績のある投手で勝ち星ゼロで終わったのは、西村健太朗、小山雄輝、矢貫俊之。

クローザーは沢村が務め、36セーブを挙げた。リリーフ陣だけの防御率は2014年が4・01で、2015年は2・72だった。

阪神にアメリカに行っていた藤川球児投手が帰ってきた。阪神ファンの人々が大いに喜び、昨年のオフの広島を見るようで、帰って来た黒田投手のような感じを受けているように感じる。黒田投手は「男気」これが全面に出て日本中をフィーバーさせたが、藤川投手は日本中というわけにはいかないが、阪神ファンには誠に心強い味方が誕生したと映ることだろう。もう阪神ファンの中では「優勝」という図式が出来たようだ。私はまだまだ解決しなくてはいけない問題が多くあるように見えるのだが、ファンはありがたいもので来季の優勝を信じて疑わない。

優勝ということを考えると、今季の投手陣の働きを見てみなくてはいけない、特にリリーフ陣の防御率が4点台では困る。何としても2点の後半、3点前半までに改革したい。そのリリーフ陣だが、少し年齢が上がってきたかな〜〜。

ここも新監督の金本知憲監督がどこまで理解しているかだろう。投手陣は、やられても、あと何年というところに来ているだけに、金本監督には「優勝」ということをしっかりと意識して戦ってほしい来季である。

藤浪晋太郎投手14勝、能見篤史投手11勝、メッセンジャー投手9勝、岩田稔投手8勝、福原忍投手6勝、安藤優也投手5勝、岩崎優投手3勝、松田遼馬投手3勝、高宮和也投手、岩本輝、呉昇桓投手各2勝、歳内宏明、金田和之、山本翔也、岩貞祐太投手各1勝。

2014年、2015年ともに呉昇桓がクローザーを務めた。41セーブ。救援陣だけで見たチーム防御率は2014年が4・20、2015年は4・21だった。


外に出て行った人、ドラフト、トレードで入って来た人、これからまだ入れ替えはあると思うが大きな移動はもうそんなに出来ないだろう。特にこの時期ドラフト上位で入団して来る新人選手をマスコミは大きく扱い、もう毎年10勝しているような感じを受けるのだが、まだこれからどんな投手かということをキャンプで披露する段階であるということで、文章に入れなかった。ここから大化けして活躍してくれるとチームは大きな刺激を受けるだろう。本音を言うとみんな大活躍してほしい選手たちだ。

2015年12月8日

14 阪神打線と黒田投手
「どうしても落とせない試合」の心構え

2015年9月11日の阪神‐広島戦。

阪神が落としてはいけないゲームを、落としはしなかったが、黒田博樹投手をまたしても打てず2対2の引き分けという形で終わった。

今日のゲームがどれほど大切な試合か？　当然阪神のユニフォームを着ている人であれば分かっていると思う。対広島戦7勝11敗1分という数字を見れば、もうこれ以上負けられない相手であることが分かるはずである。

まして今日の相手黒田投手にはここまでいいところがなく、相手のペースで投げられてきた試合が多く終盤の今日あたりしっかりとした対策が見たかった試合であったのだが、内容にはそれがみじんも見られず、またしても「黒田投手がいい投球をしました」というしかない内容の投球数104球、2安打、8三振と、阪神はまったく見せ場が作れないワンマンショーのマウンドではなかっただろうか。

この内容から私が先ほど言った「大切な試合」という意味、今日の試合の心構え、勝たなければいけないという気持ちが強すぎたのかもしれない。それならそれで投手は岩田稔投手、二神一人投手、高宮和也投手、歳内宏明投手たちが気持ちのこもったピッチングで2点までに抑えてくれた。彼らの奮起した姿を見れば打撃陣は何をするか？ ここしか見どころのない試合内容であった。

確かに黒田投手は阪神打線に絶対の自信を持って投げているように感じた。投手が相手打者に自信を持って投げてくるほど打者にとって嫌なものはないのだが、ストレート、スライダー、カットボール、ツーシームというボールを自分のリズムで気持ちよく投げているところに彼の阪神打線に対する自信がうかがえる。ただ、打者はどんな投手であれ隙を見つけて打つことを考え、練習してきているはずである。

そこには一人で取り組めない時にはチームとして打線という「線」で取り組むことが相手を疲れさせ、攻略する手だてになるはずである。では、昨日の阪神打線を見ていてそこが見えたか？ 一人一人の工夫が見えたか？ 過去の対戦から得られた打席でのデータをどのようにして活かした打撃を見せたか？ 長年打席で投手と対戦してきたが、ビデオテープで見る投手の印象と、実際に打席で見る投手の印象の違いは大きいということを十分に経験してきた。

ビデオで見ていた時には腕の出どころが肩の少し上のように見えた投手が、実際に打席で見ると肩の線からボールが出てきてボールの変化の仕方がまったく違うこと、一球、一球のボールの握りを変えて投げるときの身体の動きの違い、スライダー、カーブ、シュートなどのボールの実際の変化は打席でなければ見えないことが多くあったことを思い出す。

とすれば昨日の阪神打線の選手はこのことをどこまで活かしたか？　確かに投手が最高の調子で来た時には打者は不利である。投手が思いどおりのところに投げたボールをヒットすることは本当に難しい。ではそんな時にどうするか？　なんとかそのボールをファウルにして「失投」を待つというのがこのように「どうしても落とせない試合」という時に見せる打者の姿ではないだろうか、そこのところが見たかった。

黒田は本当に素晴らしい投手である。経験も十分に積んできて、打者を打席で十分に見抜く卓越した才能を持った投手だから、攻略するのは並大抵ではない。しかし、開幕から何度も対戦してきた投手である。阪神打線は、もう一度チャートをしっかりと見直して、自分の打撃にこだわらないで、チームのためにどの打撃がベストか？　どうすると相手が嫌がるか？　まだ対戦しなければならない投手だけに今後の課題でもある。

２０１５年のシーズンはそれともう一つ、勝負どころでの失策も多かった気もする。失策が多いと試合には勝てないということを、阪神コーチはきちんと教えてきたのだろうか？　なぜ失策が多く出るのか、２０１５年の対戦相手で一番多く失策をしているチームは22試合してきたＤｅＮＡ戦の17個ということである。次が巨人戦で15個、両チームともに今年は苦しい戦いをしているチームである。少ないチームを挙げると中日戦で5個という数字が残っている。中日戦の対戦成績は15勝8敗と戦いやすいといえるだろう。このあたりにチーム再建のヒントがあるのかもしれない。

終わった時に「頑張った」と胸を張れる戦いを見せてほしい。

２０１５年9月12日

15 前田投手の成功への鍵

「方位、方角」も合っていたのかな……

前田健太投手が憧れのメジャーリーグに移籍することが出来た。多くの仲間が経験したメジャーリーグ、そして同じ大阪府出身のダルビッシュ有投手、同級生の田中将大投手もいるので、本人も内心ホッとしていることだろう。そして生活の場所が西海岸、ロサンゼルスということで昔から日本人が多く、親しみのある街だけに家族を連れて行く場所としては安心だろう。一番喜んでいるのが奥さんかもしれない。黒田博樹投手の家族も現在同じ場所にいることだし色々教えてもらえることもあるだろう。

こうしてなぜ場所から書いたかというと、人には時々「方位、方角」ということを口にする。合う、合わない、ということを感じることがある。彼は大阪で生まれて18年、広島に来て9年、ここまでは順調に過ごしてきたと思う。

小さい時から野球に出会い、一生懸命頑張ってプロ野球の選手になり、広島東洋カープに入団して9年、順調にきているということは「方位、方角」が合っていたといえるだろう。そこで今度は海を渡り海外の方向を目指すだけにどうだろうか。少し気になるが本人の頑張り次第でいい「方位、方角」に変わるだろう。

本題に入ろう。２００７年カープに入団、その年にはさすがに1軍の出場はなく、プロ野球というものを見聞きしての1年だったのではないだろうか、カープの投手陣には黒田投手が頑張りをじっと見ていての年だったことだろう。この黒田投手と一緒にグラウンドの立つことなく、２００８年黒田投手はアメリカに行き、直接教えてもらうことは出来なかったが、黒田投手から色々と教えを受けていた大竹寛投手をしっかりマークしていたように見えた。

この２００８年黒田投手が抜けたことにより前田投手の出番が多くなり、この年19試合に出場9勝2敗という素晴らしい勝率を記録、１０９、２／３イニング、防御率3・２０でシーズンを終えた。勝負事をしているものが「運」ということを言うなという人もいるが、私は、これもあると思う。この年もし黒田投手がアメリカに行かなければ広島の投手陣のローテーションに前田投手は入れたか？　ここにこの投手の強運があると思う。そしてこのチャンスにしっかりと成績を残して自分の場所を作った前田投手の力を認めるが「運」もあったことは事実だろう。

もう一つ私が感じていることはいまアメリカに帰りレンジャーズに入団して頑張っているル

イス投手が２００８年にカープに入団し、このルイス投手からチェンジアップを直接教えてもらえたことが投球の幅をいままで以上に広くしたと思う。

翌２００９年昨年作った実績をしっかりと周りに見せるように29試合に登板して勝ち星は８勝止まりだが１９３イニングの投球回数を記録し、３・３６の防御率で存在をアピールした年だったと思う。私はよく若い選手が出てきたときに「１年だけ成績を残しても誰も信用してくれないよ。３年続けて成績を残して初めて周りの人が信用してくれるのだよ」ということを言うのだが、３年間続けて自分の力を発揮出来る気力、体力、技術を持たないとこの世界では長年生き残ることは出来ない。おそらくそんな意味のことを多くの先輩はこの言葉に込めて伝えてくれていると思う。

私もその言葉を信じて頑張ってきた一人だが、前田投手はこの勝負の3年目に素晴らしい成績を残している。２０１０年の成績は28試合に登板15勝8敗、２１５・２／３イニング、２・２１の防御率1位のタイトルを獲得、しっかりとカープの中心投手としての力をつけてきた。この年から3年続けて２００イニング登板を果たしてセ・リーグを代表する投手というところまで駆け上がってきた。

２０１０年、２０１５年最多勝、２０１０年、２０１２年、２０１３年最優秀防御率、２０１０年、２０１１年最多奪三振、と多くの賞を獲得してセ・リーグ投手の顔としての地位を獲得してきた。２００９年以降、年間試合数31試合から少ない年でも26試合登板と安定した体調管理も問題なく過ごしてきての今回のポスティングによるドジャース移籍である。

契約にあたり、かなり厳しい身体検査を受けたという情報があり多くのお医者さんが検査に立ち会った。本人も以前に少し「肘」が痛かったことがあるという自己申告もあって契約はかなり抑えられた感がするが、8年契約という長期契約で、これはもし肘が故障した時には2年間ぐらいの時間が必要ではないかというところでの処置ではないかと考えられる。年間報酬が日本時代とあまり変わらない300万ドルぐらいというのはそのことを含んでのことではないだろうか？　その代わり故障なくプレー出来た時には当然到達出来る多くの出来高契約でカバーしているのが今回の特徴だろう。

前田投手ほどの実績を残した投手にしては少し変な契約だが、最近日本からアメリカに渡った投手の多くが故障でチームが満足してくれる成績を残していないという点が今回のこのようなドジャースの契約に表れているのだろう。

では次に「通用しますか」という心配をされているファンがいらっしゃいますが、先日行われたプレミア12の大会でも、前回のWBCの大会でも実績は残してきていると思う。投げるストレート・ボールのスピードが147～153キロ、スライダー、ツーシーム、チェンジアップ、フォーク、そして相手打者を観察する経験、すべてにおいて十分なものは持っていると思う。

心配があるとすればアメリカの「湿度」これはボールが滑ることに関係する。日本時代と違う中4日の登板日程、移動を含めて慣れることが必要だろう。マウンドの高さ、硬さ、これは下半身の疲れに響くだろう。相手打者のパワー、これは日本の打者では感じられない身体の大きさ、腕の太さ、バットのスピード、十分に注意が必要だろう。特に下位の打者は不器用だが力があり、当たれば飛んでいく。簡単にカウントを取りにいかないよう用心すれば難しい打者は少ないと思う。

いずれにしても同じ野球をするのだけれども、初めて経験することも多く出てくることと思う。そんな時には自分一人で考え込まずに大阪人らしく周りの人に遠慮なく聞くことが、運を掴み、解決の近道になるだろう。それが成功への鍵かもしれない。

2016年1月20日

16 プレミア12、捲土重来

「悔しい」思いから抜けられないよ

プレミア12が開催されると決定した時から「優勝」という十字架を背負わされての今回のイベントだった。日本の野球ファン誰もが日本チームが優勝するものだと考えていたし、その目線で予選リーグ、決勝を見ていたと思う。

札幌で始まった予選リーグ韓国との第1戦、地元の大谷翔平投手がものの見事に相手打線を抑え込み快勝、この勢いで予選は走るだろうという思いを強く持たせた勝ち方だった。そして舞台を台湾に移しての第2戦、相手はメキシコ、事前に来るのか？　来ないのか？　と揉めていたチームだけに簡単に勝つだろうと思っていたが、苦戦、9回サヨナラという勝ち方で少し心配した。抑えの投手の出来に注目、この試合9回に沢村拓一投手が打たれて追いつかれ、裏に中田翔選手のサヨナラ打でかろうじての勝利。

そして第3戦目今回のチームはどうかな？　という楽しみにしていたドミニカ共和国、先発の若い武田翔太投手がマイペースでスイスイという感じの投球を見せていたのだが、4回終了時に足首を痛めて交代、2番手の小川泰弘投手が本塁打を打たれて2点を取られたが山崎康晃投手、松井裕樹投手が頑張り、4対2で勝利、この試合打線が5安打ということで少し打線の元気がないところに心配が移ったのだが、第4戦のアメリカ戦ではしっかりと頑張り10対2というスコアで完勝。これで一応予選を通過、準々決勝進出決定で安心したわけではないだろうが、5戦目のベネズエラ戦は先制点を奪われ、先行を許し、同点に追いつくと、追加点を与えるという苦しい試合展開で終盤8回に2点、9回に2点を取りサヨナラ試合という苦しい試合を見せてくれた。

この予選5試合の感想は日本チームが少しずつまとまりを見せてきている感触はあるのだが、チームとしての練習不足が表れる場面が何度となく見られて、先発投手は安心して見られるのだが、リリーフが慣れていないというところ、抑えに絶対的な投手が見当たらないというところがしっかりと見えてきたというところではないだろうか。

点差を見ても5対0、6対5、4対2、10対2、6対5、という数字を見ても安心して見られる試合は2試合しかなかったと思う。あとの試合はどちらに転んでも不思議でない試合ばかりで日本チームのメンバーからすると物足りない勝ち方の試合が多かったというところが本音である。

こうして迎えた準々決勝、相手はプエルトリコ、少し投手に不安のあるチームだけに、どう戦うかな？　と見ていたが、順調に先制点を挙げて、3回に追加点、4回にダメ押しに近い2点を上げ、先発の前田健太投手が7回を4安打、7三振と抑え込んで完勝という試合運びを見せてくれた。

9回に増井浩俊投手が3ランを打たれたがまったく試合に関係ない9対3というスコアで押し切り日本の強さを見せた試合ではなかっただろうか。

打線も中村剛也選手の故障があったがようやく固定したメンバーで戦う姿が出来てきて、今回のメンバーは2番打者が坂本勇人選手、川端慎吾選手というところで初回から「バント」という作戦はなく、攻撃的な打線に仕上がっていると思う。ただ、3番に入っている山田哲人選手が少し疲れが出ているのか四球は多く取れるのだが、ヒットが量産というところにいかないのが爆発力につながらなかったようだ。

筒香嘉智選手、中田選手はよく働いてくれているのだが、松田宣浩選手が少し入れこみすぎて本来の打撃が出来なかったところも終わってみると寂しかったかな？　その分同じチームの中村晃選手が良い働きを見せてくれた。

　こうして迎えた準決勝、韓国戦、以前からお互いに切磋琢磨してアジアの野球のレベルを上げてきた両チーム、今回のメンバーを見ると投手力に少し不安がある韓国に比べると日本チームが少し有利かな？　というところで始まった試合だ。

　先発は韓国チームが日本の千葉ロッテで頑張っているイ・デウン投手、日本は札幌の試合で好投した日本ハムの大谷投手。

　大谷投手は初戦に次いで韓国チームに2度目の登板ということになり精神的にかなりの負担になるのではないかと心配したが初回1番打者を三塁ゴロ、2番打者を三塁ゴロ、3番打者を得意のストレートで三振という完璧な立ち上がりを見せて気合いの入っている韓国打線を抑え、味方の攻撃を待った。

　その裏の攻撃の日本打線、パ・リーグの打者はシーズンゲームで多く対戦している打者も多いはずだが、この日のデウン投手はシーズン中と違い、ワインドアップからの投球を見せて、シーズン中のセットからの投球とタイミングの取り方が違う投手に変身、少し打者は戸惑いがあったかもしれないが、秋山翔吾選手がショートフライ、坂本選手がショートゴロ、と簡単に二死を取られて、今年大活躍の山田選手を迎えて警戒しすぎての四球、4番筒香選手にも力みが見えての四球、いままでの日本チームならばここで一気に行くところだが次の中田選手が今度は力んでショートフライでアウト、絶好の先制のチャンスを逃した。

2回が4番の李大浩選手に死球を与えたが5番をライトフライ、6番をセカンドゴロのダブルプレーで簡単に片付けて味方打線の攻撃につなげた。

2回も一死から中村晃選手が初ヒットとなるレフト前のヒットを記録したがあとが続かず0点、3回の大谷投手は7番を三振、8番も三振、9番の打者は三振したくないと1球目を打ちファーストゴロ、まったく不安のない投球で一回り目の韓国打線を抑えこんだ。

ところが日本打線もイ・デウン投手の荒れ球にまったくつけ込むことが出来ずに3回を終わり、試合が動いたのが4回の日本の攻撃で先頭の中田選手の四球が引き金になり松田選手は三振したが、中村選手がこうして攻略するのだという打ち方でレフト前に運び一、三塁とチャンスを広げて、平田良介選手のレフト前のヒットにつなげての先制、9番嶋基宏選手のショートゴロをショートの選手がセカンドに悪送球で2点目、秋山選手が四球でつなぎ、坂本選手のライトへの犠飛で3点目を上げてこの回終了。

よくシーズン中の試合でも言う言葉だが、先制点を上げた裏のイニングでは絶対に抑えなくてはいけない。大谷選手がふた回り目の韓国打線をどう料理するか？　得点をもらった次のイニングが見物だったがまったく心配いらずで、1番をライトフライ、2番を三振、3番打者を2打席連続の三振で終了。素晴らしいストレートが見られて日本のファンはノリノリだろう。

結局6回まで大谷投手は韓国打線に1本のヒットも許さず好投、7回に1番打者にセンター前に初ヒットを打たれたがその後の2、3番打者を連続三振、李大浩選手をサードゴロで0点に抑えて交代した。ここの交代を色々考え方もあるが、7回に少し手のひらを見つめる仕草があり、指のマメが心配されての交代だったかもしれない。本来ならば85球という投球数なら当然完投ということも考えられるが、マメが出来やすいということを考えると仕方なかったかもしれない。

この7回の裏の攻撃で日本チームには絶好の追加点のチャンスが訪れている。2番坂本選手が四球、そして盗塁を決めて、山田選手がまた四球を得て、無死一、二塁、4番筒香選手、5番中田選手、6番松田選手、ここで1点でも取ると韓国チームはこの試合の行方を嫌でも考えなくてはならない場面を迎えているということを攻撃している選手がどこまで感じていただろうか？　ここは経験というものの必要性を感じる。一生懸命に自分の打撃で何とかしようとしているのだが、この場面は「何とかしよう」ではなく、結果が欲しい場面である。4番という役割を忘れても走者を送る、5番という打順をもう一度考えてみる。

残された走者を何としても帰す。これが求められる場面で若い中心選手達は良い経験をしたことだろう。普段のシーズンゲームと違い、国際試合の試合運びを学んでほしい。8回にも一死、一、二塁というチャンスがありながら1番、2番で得点につなげられなかったことが韓国チームの9回の4点につながった試合だった。

7回、8回日本チームがチャンスを潰しているのを見て自分たちのチームにまだまだチャンスがあると韓国チームのメンバーは確信したことだろう。試合の流れというものはそんなものである。この間日本チームは投手を2番手に則本昂大投手を出した時点でもうあとの投手はいないと考えるべきであり、則本投手にすべてを託す覚悟がほしかった。

今回の戦いを振り返るとまだチームになっていないところが随所に見られて守備の面では練習が必要だと感じた。そして普段一塁を守らない中田選手が一塁を守るということで難しかった面もあるだろうが普段から練習してほしい。

何よりオフシーズン忙しいメンバーばかりだが、集まっての練習の必要性を強く感じる今回のイベントだった。今回の他の国のチームのメンバーを見て、日本のこのメンバーで負けたということを考えてみると本当に「悔しい」思いから抜けられない。

グラウンドで戦った監督、コーチ、選手は私なんかよりもっと、もっと悔しい思いをしたことだろう。この悔しさを忘れないで日々の練習に活かして次のWBC、そしてオリンピックにつなげてほしい。

2015年11月21日

17 広島市民球場と黒田投手

ベテランが最後に残せるものは「魂」

まだ最終結論は出ていないようだが、広島市民球場の跡地にサッカースタジアムを建設するプランがあるとも聞く。

広島市民球場は私を育ててくれた思い出深い聖地である。その市民球場跡地をどうすることが最良の策なのかは、野球関係者だけでは判断出来ない。しかし、これだけははっきりしている。『MAZDA Zoom-Zoom スタジアム 広島』に、カープは移籍している。

200万人を導入出来るこのスタジアムを広島中の人たちが愛してくださっている。あえて言うならば、まだこの新しい球場には、まだ歴史がない。広島市民球場跡地には1975年初優勝という歴史がある。広島東洋カープが初優勝したときの感動と興奮をどれだけの人が覚えていてくださるのだろうか。新しい球場にも、ファンと一体となった感動の歴史を早く刻んでほしいと思う。

野球というチームスポーツは何を目指して戦っていくのかと問えば、優勝しかない。優勝という歴史が出来れば、マツダスタジアムはホンモノになる。

緒方カープは苦手とされていた交流戦を勝ち越し、中盤戦以降を有利に戦っている。優勝を目指すうえでどうしても語らなければならない選手がいる。黒田博樹投手だ。言うまでもなく、チームの精神的支柱だが、その黒田は昨年オフ、「最後のつもりでやってきた。それを超えるモチベーションを探すのは難しい」と引退を示唆する発言を繰り返していた。本当に引退を考えたのかと聞かれれば、私は「本当に考えていた」と答える。

要するに、黒田がなぜ、日本球界に帰って来たかを考え直してみればいい。最大の理由は優勝するためだった。広島という球団で優勝したい、広島のユニフォームを着て優勝したい、広島のみなさんと一緒にその喜びを分かち合いたい。それが彼の自分を育ててくれた球団への恩返しであり、彼のモチベーションともなっていた。ところが、前田健太がメジャーリーグ挑戦でいなくなり、ちょっと悩んだのだろう。

そして、ここで自分まで引いてしまえば、誰もいなくなると思い、踏み止まったのだろう。勝ち星だけで言えば、昨年14勝を挙げたジョンソンがいるが、彼は助っ人だ。2016年の1年間で、黒田は野村祐輔や福井優也らに自分の投げる姿を見せ、「いいか、チームを支えるとはこういうことなんだ」と伝えるために踏み止まったのだと捉えている。

黒田は200勝にもさほどこだわっていない。日米通算200勝まで「あと7勝」でシーズンに迎えたが、私が知る限り、到達したら御の字というくらいで、チームの主軸投手として、どんなふうに1年間を過ごさなければならないのか、どんな立ち振る舞いを取り続けなければならないのか、こちらのほうに専念しているようだ。

先発ローテーションを6人で回すとすれば、その6人とは、チームの中心投手でもある。チームの中心投手とは、どんな存在でなければならないのか、それを後輩たちに伝えたくて、引退を取り消したのだろう。

おそらく、黒田は相当悩んで現役続行を決断したはずだ。優勝という自身の最大の目標を考えた場合、前田健太が抜けて、チームに対する評価も大きく下がり、かといって、「このオレが頑張ってどうにかしてやる」という年齢でもない。投手・黒田を冷静に判断すれば、2ケタ勝利を収めるのがやっとかもしれない。また、黒田は自分を客観的に見ることの出来る男だから、自分一人が奮闘しても、優勝に必要な80勝以上に届かないことも分かっていた。だが、自分が残ることによって、周りの若い選手たちが刺激を受けてくれて、野村や福井、大瀬良大地といった若い投手たちがもう一つ高いステージに上がってくれれば、この中から次のエースが生まれる。そうなれば、優勝に近づけるのではないかと考えたのだと思っている。

ひょっとしたら、黒田は集大成を迎えるつもりでシーズンに迎えたのではないだろうか。長くチームを支えてきたベテランが最後に残せるものは「魂」である。大袈裟な言い方かもしれないが、「強いチームとはこういうものなんだ、こういう考え方を持たなければいけない、こんな態度で後輩たちと接していなければならない」という心である。

昔でいう、背中を見せるというやつだ。これが、先輩が後輩たちに残せる最高の置き土産でもある。

こうした野球に対する考え方が継承され、チームの歴史、伝統となる。「だから、このチームはこういう先輩がいた」、「こんな野球をします」とか、そんなチームカラーにもなっていく。2016年の黒田のピッチングを見ていると、ひしひしと強い決意のようなものが伝わってくる。優勝したい、カープを優勝させたいという思い、そして、次世代の選手たちに主力選手としての考え方、立ち振る舞いなどを若手に伝えたい、と。

１９７５年の広島カープの初優勝を知る私からすれば、黒田がチームの中核として、後輩たちに背中で気持ちを伝えられるピッチャーに成長してくれたことを嬉しく思う。彼はどんな窮地にあっても、表情も変えず、淡々と投げ続けている。その粘り強い力投、熱い気持ちが見る者にも伝わってくる。

野村の覚醒は黒田の影響だろう。黒田とは、数字以上の、数字では語りきれない心を持った投手なのである。

２０１６年6月7日

18 阪神・金本イズム

夏場の連戦を迎えたときに、金本阪神の明暗が分かれる

２０１５年オフから今年のプロ野球ペナントレース序盤戦にかけ、球界のニュースは金本知憲を監督に迎えた阪神タイガースが独占した。

金本もいずれは監督に就任するとは思っていたが、これまでコーチ経験もなかったので、ちょっと驚いた。今年48歳を迎える若い指揮官の誕生に阪神ファンはもちろん、新しい時代の到来を予感したプロ野球ファンも多かったのではないだろうか。

セ・リーグは全員、40代の若い指揮官となった。スポーツメディアがこぞって金本阪神を追

いかけたのは、「何か、やってくれそうだ」と期待する年長のプロ野球ファンの期待もあってことだろう。

さて、その金本監督が現役生活のなかで強い影響を受けたとされるのが、三村敏之（故人）だと話していた。金本が入団した当時の二軍監督であり、徹底的にしごかれたというか、お世話になった恩人ということだろう。

三村は私にとっても苦楽をともにした同僚である。彼は主にショートを守っていた。野球の名門校である広島商業の出身で、しっかりとした野球理論を学んできた。さらに、同じ内野手出身の古葉竹織監督にも学び、優勝経験も持っている。

これに対し、金本は広島の広陵高校で学び、東北福祉大学を経て広島に入ってきた。三村の側からすれば、「この選手は鍛えてみたい」というものがあったのだろう。金本の入団は1992年で、私は1987年で引退したので、直接彼と関わったことはない。また、三村が金本のことを話していたという記憶もない。だが、金本は各メディアの取材などで「よく怒られた」と話している。三村は次の世代の中心になる選手に育てたいと思ったから、厳しく接したのだろうし、金本も「期待されているから怒られるんだ」と捉えていたはずだ。

私の知る三村とは、選手としても、指導者としてもけっこう頑固なところがあった。見た目は優男だが、野球に関しては絶対に妥協しない。そういう男だった。自分よりも年下の選手に物を言うとき、妥協しない頑固さが信念となって伝わり、金本の胸に刻み込まれたのだと思う。

また、金本は自身を支えるヘッドコーチに高代延博を選んだ。広島時代の金本は高代にも薫陶《くんとう》を受けている。指導者としての高代も熱心な男であり、WBC日本代表チームのコーチを歴任するなど国際試合も経験している。新任の指揮官は自身の現役時代に強い影響を受けた監督、コーチのやり方や考え方を踏襲するという。

だとすれば、自身が広島で鍛えられたこと、野球に対する取り組み方などを伝えるには打って付けの人物であり、外野手だった金本からすれば、内野手出身の高代からは「別の視点」からの見解をもらえるとも思ったのではないだろうか。

そういえば、読売ジャイアンツの高橋由伸監督も新人時代に打撃指導を仰いだ内田順三を一軍バッティングコーチに選んだ。こちらも、信頼出来る大先輩に自分のチーム作りを助けてもらうやり方だ。

かつて、川上哲治さんが読売ジャイアンツを指揮されていたとき、牧野茂さんにヘッドコーチ職を託した。私の知る限り、牧野さんとは野球に対し、非常に細かい視点を持っていられる方だ。川上さんと牧野さんのコンビは、川上さんが大局を見て、牧野さんがチームの細かい個所を見て、どうやったら補強出来るかも考えていらしたように思う。そういう意味では、チームにとってもベストな状況にあったのではないかとも考えられる。

金本が阪神に移籍した2002年オフ、当時の指揮官だった星野仙一を支えていたのは、島野育夫さん（故人）だった。島野さんは強面で、見た目は豪快なイメージだが、やはり野球に関しては細かい目線を持っていられた方だ。金本はその「星野・島野コンビ」も見ており、自身が持っていない部分を補う意味で高代をヘッドコーチに選んだのだろう。

高代は広島東洋カープで指導者生活をスタートさせている。巨人の高橋監督を支える内田コーチも広島の出身だ。そう考えると、広島野球が伝統球団にも少なからず影響を与えたようだ。

金本がチーム再建案として「まず走ること」と言っていたが、キャンプの練習の最後に勝ち抜けの選手全員によるリレーを取り入れた。私もその様子を見せてもらったが、広島ではそういう練習はやっていなかった。おそらく、引退してからどこかで見たものだと思う。まあ、厳しいキャンプの練習の最後は面白く終わったほうが次の日につながるんじゃないかという発想だと思うが、リレーという、ゲーム形式での走り込みを取り入れたのは、金本流の、野球を楽しく、要するに、練習を厳しくやっても、基本的には楽しいというものを選手に伝えたかったのだろう。

ちなみに、私たちの時代は、ひたすら怖かった……。若手時代に薫陶を受けた関根潤三さん、広岡達朗さん、小森光生さんは練習のなかに「遊びの要素」なんて絶対に取り入れなかった。世代の違いと言えばそれまでだが、この「世代」というのが指導者にとって大切なのである。

いまの選手たちに私たちと同じことはもちろん、金本が鍛えられた時代と同じ練習をさせたら、誰もついていけない。世代とはけっこう重要な要素で、まず、選手たちの育ってきた環境、考え方が違うのだから、同じことを「やれ」と言っても通じないのだ。私の時代はビンタは当たり前で、正座もさせられた。私たちはそれが普通だと思っていても、いまの選手たちは違う。それと同じように、練習も「どういうふうにしたら、いまの選手たちが楽しくやれるか」と、指導者は考えなければならない。

広島の走り込みの練習量は相当だった。走り込みは絶対に必要な練習だが、いまの選手たちに押しつけることは出来ない。そのへんを金本はどうやったら、いまの選手たちに受け入れられるのかを考えて、リレー方式の走り込みを導入したのだろう。

今シーズンは球宴を終え、夏場の連戦を迎えたとき、若い選手がどこまで頑張れるか、またそこにベテランをどうはめ込んでいくのかが金本阪神の明暗を分ける。ペナントレースの結果はこれからだが、自身の礎となった走り込み練習をリレー方式という、自分流にアレンジした点では、金本は監督としての第一関門は突破したと言える。

2016年6月21日

19 監督業の表と裏

名監督たちの多くは「内野手出身」というデータ

シーズン最後の公式戦の試合は文字どおり日本シリーズだ。ここに出場出来る選手は本当に幸せな人たちだ。最後の最後まで目の色を変えてボールを追いかけることが出来る幸せをシリーズが終わった時に感じるだろう。

そしてここに出られない10球団は早くも来年に向けて準備を始める時期を迎えている。来年この場所に出るために、フロント、監督、コーチ、選手、それぞれが来年に向かって最高の準備をしなくてはいけない。そして2016年に向けて新しい監督が誕生した。

阪神が金本知憲氏に、DeNAがOBのアレックス・ラミレス氏に、そして巨人軍が高橋由伸選手に、6球団しかないセ・リーグの半分3球団の監督が入れ替わったといえる。そして監督に就任した人がみんな素晴らしい選手時代の経験を持っていることを考えると凄く楽しみだ。今回の金本氏、ラミレス氏は選手時代安打数は2000本を超えて、本塁打数も金本氏は500近くの数字を残して、ラミレス氏も400近くの数字が残っている。

そして何より二人とも優勝経験があるというところにチームとしての理想の形を経験していると思う。高橋選手は巨人軍という日本プロ野球の名門で育ち、優勝することを宿命とされたチームを経験してきている。選手としては多くのケガが成績に影響して成績こそ2人に比べて物足りないが、ケガが無ければどんな数字を残しているだろうか？　そんなことをよく考える選手だっただけにその技術は間違いないと思う。こんな3人が今回揃って監督に就任したことは嬉しいことである。

こんなデータをちょっと紹介してみた。

鶴岡一人監督＝（南海）１７７３勝、日本球界1位、23年間の監督生活「現役時代は内野手」
三原脩監督＝（巨人、西鉄）１６８７勝、26年間の監督生活「現役時代内野手」
藤本定義監督＝（巨人、阪神）１６５７勝、29年間の監督生活「現役時代投手」
水原茂監督＝（巨人、東映）１５８５勝、21年間の監督生活「現役時代内野手」
野村克也監督＝（南海、ヤクルト、阪神、楽天）１５６５勝、24年間の監督生活「現役時代捕手」
西本幸雄監督＝（大毎、阪急、近鉄）１３８４勝、20年間の監督生活「現役時代内野手」
上田利治監督＝（阪急）１３２３勝、20年間の監督生活「現役時代捕手、選手実績殆どなし」
王貞治監督＝（巨人、ソフトバンク）１３１５勝、18年の監督生活「現役時代内野手」
別当薫監督＝（大毎、近鉄、大洋、広島）１２３７勝、20年の監督生活「現役時代外野手、選手時代短し」
星野仙一監督＝（中日、阪神、楽天）１１８２勝、17年の監督生活「現役時代投手」
川上哲治監督＝（巨人）１０６６勝、15年の監督生活「現役時代内野手」
長嶋茂雄監督＝（巨人）１０３４勝、15年の監督生活「現役時代内野手」
仰木彬監督＝（近鉄、オリックス）９８８勝、14年の監督生活「現役時代内野手」

原辰徳監督＝（巨人）９５２勝、12年の監督生活「現役時代内野手」

古葉竹識監督＝（広島、横浜）８７３勝、14年の監督生活「現役時代内野手」


日本プロ野球監督として勝ち星順に挙げたが、１位の鶴岡監督から15位の古葉監督までを見ていくと、さすがに年数がいまの監督と違い長い時間が記録されている。

最近の監督はみんな時代だろうか？　短いように感じる。これは球団が新しい人を求めているのか？　マスコミが次の人を期待して騒ぎすぎるのか？　ここのところは分からないが全体的に短い時間になっているように思う。

その中で辞任した巨人軍の原監督の12年間は素晴らしいことと思うが、後継者が育てなかったところがマイナス材料になる。

前任者の長嶋監督が辞任する時には「原」という後継者を残していただけに今回は少し計算が崩れていたのか？　フロントが計算出来なかったのか？　巨人軍としては残念な出来事と思う。本来ならば今回の監督人事は松井秀喜監督がハマる予定だったのでしょう。

アメリカを離れないので今回一人飛ばしの起用になったということです。このあとは阿部慎之助選手をいつ次の監督として教育するか？　高橋監督の役目になると思う。

企業の方によく聞く言葉に社長として会社に尽くし、収益を上げることは当然の仕事だが、しっかりとした後継者を残すことが本当の意味での会社への恩返しと考える。その意味では巨人軍は原監督までは出来ていたわけだから、次も準備をすることだろう。

DeNAが選んだラミレス監督、外国人選手として初めて日本通算2000本のヒットを記録、1年でも長くプレーしたいという気持ちが伝わってきた選手だっただけに非常に研究熱心で、努力家だった。そのラミレス選手が今度は監督としてチームをどのように研究するか？　チームから離れ忙しい日々を過ごしてきただけにこれから秋のキャンプで自分がプレーしていた時と選手がどのように変化しているか？　入れ替わっている投手陣をどのように観察して来年につなげるか？　ここにラミレス監督が何をしたいかが見えるだろう。

そして待ちに待ったという感じの金本知憲監督の誕生で多くの阪神ファンは何を期待しているでしょうか。来年の優勝かな？　再来年の優勝かな？　いずれにしても優勝してほしいことに変わりはないのだけれど、「いつ」というところが問題になると思う。

今年優勝した東京ヤクルトは選手全体が若く、今年の優勝はチームに大きな自信を与えたと思うので来年はもっと選手が成長するはずだ。中日も今年の夏にはもう来年の姿を求めてチームを動かしていただけに形的には今年のような無様な戦いはしないチームになっていると見える。

広島もこれからどのような形になるか、特に売り物の投手陣が「前田」「黒田」というところがどのような動きをするか？　これで大きく変わってくることは間違いないが、若い投手陣も野村祐輔投手、福井優也投手、大瀬良大地投手、今村猛投手、今年大活躍したジョンソン投手と先発を任す人材はいる。

中継ぎも中田廉投手、一岡竜司投手、中﨑翔太投手、今井啓介投手、外国人の抑え投手の補強に成功すればいい投手陣が作れる。

打線も今年失敗した丸佳浩選手、菊池涼介選手を中心に田中広輔、野間峻祥が少しずつ慣れてきているだけにエルドレッド選手が最初からスタート出来ればそれなりの得点力はキープ出来ると思う。とすれば、金本監督が来年すぐに優勝出来るかもしれないし、そういうわけにはいかないかもしれない。ここはしっかりとしたチームの計画を立てて優勝への道を作りたいものだ。その計画を立てるのが秋のキャンプということになるだろう。

監督、コーチが育った時代と、いまの若い選手が育ってきた時代は同じではないだけに、どのように選手を鼓動するか？　優勝を意識させることが出来るか？　楽しみにしたいところだ。

今回なぜ監督の成績を順に書いたかというと、一つだけ心配な点があり、前述の名監督たちの出身ポジションの多くが内野手で占められているという点だ。今回のラミレス、高橋、金本ら名監督3人の監督さんたちは全員「外野手」というところだけが私の唯一の心配点ということである。歴史はいつか塗り替えられるというものですが、この中から塗り替える監督さんの出現を見たいものだ。

２０１５年10月24日

第3章

初心を忘れない

20 記録を残す

イチロー選手に万歳、万歳！！！！！！！

記録というものは目標として捉えて達成するものと、自然の流れの中で日々頑張っているところに達成してしまう記録と二通りの道があるように思う。

今回のイチロー選手の記録は日々頑張っていたところで生まれてきた記録だと思う。メジャーリーグに挑戦すると決めた時にはこの目標は含まれていなかったと思う。本当に日々の積み重ねの重みを感じると同時に、大切さを教えてくれる記録だと思う。

そして記者会見では冷静にこの記録が色々な角度で見られることを十分に自覚した受け答えが印象的だった。普段から「自分でコントロール出来ないことにはこだわらない」と言うこの言葉どおりの記者との受け答えにイチロー選手のこの記録への関心度が現れていた。

ただ周りのチームメンバーに本当に恵まれたということを強調しての受け答えには多くのチームメイトが終生忘れることのない記念になったことだろう。

周りの騒ぎと違うところに自分の感覚が生まれてくることもあり、それは自分ではどうにも出来ない世界が生まれることもある。２０１6年6月17日の今日、イチロー選手がメジャーリーグのピート・ローズの安打数４２５６本を超える４２５７本のヒットを記録したことは周りの多くの人たちにとって色々な意見のあるところの記録となったと思う。

この記録はメジャーリーグの記録として認知されるべきか？　日米合算ということでメジャーリーグの記録としてはふさわしくないという意見とが喧々諤々《けんけんがくがく》の世界を作ることだろう。日本では当然記録だ！　という意見が多くあるが、アメリカではそれは違うという意見が多くある。この意見は今日から長い時間をかけてファンの方々の話題になるだろう。では選手を含むグラウンドで一緒にやっている人々の中での意見はどうか？　絶対数は否定的な意見が多いのではないだろうか。

古くから日本のプロ野球というもののレベルを彼らは3Aクラスだという認識の人が多くいるということも影響するのだろう。早くこの認識を改善したいのだがいまのところでは難しいと言わざるを得ない。

それにしても凄い数字を残したものである。日本での1278本のヒット、アメリカでの2979本のヒット、こんな数字を記録出来る選手はもう私たちの世代ではお目にかかることは出来ないだろう。

その選手の1年、1年を見せてもらい記録を整理すると、目指すものが見えてくるのではないだろうか？　特に私にとっては2001年の1本目のヒットを見せてもらったからなおさら思い入れがあるのかもしれないが、寒いシアトルの球場の放送席から見た4打席目のセンター前のヒットがアメリカでの1本目だった。そのイチロー選手が記録した4257本のヒットは42歳ということで、ピート・ローズ選手が記録した4256本時より3歳若く記録している。

打席数も15890打席で達成したローズ選手に比べて、イチロー選手は14339打席というう少ないチャンスで4257本のヒットを記録していることも記述したいところだ。

そしてこれから達成に向けて新たな意欲をかきたてているのが、メジャー通算3000本安打の達成である。4257安打は日米通算ということで一部米メディアからケチをつけられたが、今度は誰にも文句のつけようがない挑戦だ。この3000本のヒットにはまた違った思い入れがあるだろう。彼が歩いてきたここまでの道だけでも十分にメジャーリーグの野球殿堂に入るに値する活躍を見せてきたが、ここに3000本の記録があれば絶対という世界が開かれることであろう。ある日この3000本という目標が頭に浮かんで、追いかけようと決めた日からこの日を一番楽しみにしていたのが当のイチロー選手である。

過去に達成した29人の選手たちはほとんどがメジャーリーグでのデビューが23歳までにしていることを考えると、この3000本という数字がいかに時間がかかるかということが理解してもらえると思う。イチロー選手がアメリカに来たのが27歳、遅いデビューだったが、この遅れをものともしないで30人目に飛び込んだということは、いかにイチロー選手が素晴らしいスピードでヒットを重ねてきたか、ということを証明してくれている。単純に考えて15年目で3000本ですから、ここでも1年間で200本のヒットを重ねてきたことになる。

確かにアメリカでは年間162試合という試合数があり、日本よりは随分とヒットを稼ぐには恵まれていますが、それにしても毎年200本を記録することの大変さは到達した本人しか分からない世界があることだろう。

今回本当に素晴らしい記録を考える機会をイチロー選手がくれた。これからも多くのことを、多くのファンが考える機会を作ってくれることだろう。野球に興味のある人、ない人、そんなことに関係なく「考える機会」を作ってくれたイチロー選手に万歳、万歳!!!!!!!

２０１６年６月17日

21 宮崎キャンプ
もっと相手に向かっていく荒々しさがほしい

最近はキャンプ解禁の2月1日を待たずにキャンプ地のグラウンドで「自主トレ」という名目で選手それぞれが練習を始めているから何か「キャンプ解禁」という言葉のインパクトがなくなって聞こえてくる。最近はどこを見ても「ケジメ」という言葉が何か懐かしい感じに聞こえてくる。

だけど2月1日は、2月1日だ。今年のチームの成績、個人の成績に大きく関係してくる1カ月のキャンプ地での練習が始まる。何より1月31日夕食後に行われるチーム・ミーティングで監督が今年のチームの「目標」「戦う方向」「戦略」それぞれの「役割」、色々な今年の重要なことを監督の口から、監督の言葉で選手、スタッフに伝えるという一番大切なことが行われる儀式がある。

野球というチームスポーツでの目標は「優勝」これしかない。この優勝するための練習が明日から始まるのだということをどこまで選手に伝えることが出来るか、監督の大切な言葉の技量である。

そんなキャンプを行う場所を少し説明したいと思う。今年は1球団がアメリカに渡り（2月1日から14日）キャンプを行うが、あとの11球団は宮崎、沖縄で使い慣れた球場での練習が始まる。

日本ハムがアリゾナに渡りキャンプを行うということには若い選手が多いということも関係しているのだろうか？　若い選手にアメリカのキャンプ地の施設というものを見せてあげること、ここに集まる選手の野球に対しての取り組みを見せること、機会があればメジャーリーグのトップの選手の練習が見られるかもしれない。そんな色々な経験をさせてあげたいから行くのかもしれない。

私の若い時、24歳のオフに球団の計画でフェニックスに教育リーグに行かせていただき、次の年の春にはチームでアリゾナ・ツーソンのクリーブランド・インディアンスのキャンプ地に行かせてもらい、この年のオフにはフロリダにあるピッツバーグ・パイレーツのキャンプ施設で練習をさせていただいた。

アメリカのキャンプ地というものの凄さを見せていただき、選手の目の色の凄さを見せてもらった。若い選手が必死にメジャーリーグにしがみついている姿を目の前にして本当にいい経験をさせていただいただけに、今回の北海道日本ハムのこのキャンプが若い選手に大きなインパクトを与えてくれると嬉しいと思う。そして2次のキャンプ地である名護市営球場での練習で成果を見せてほしい。

宮崎で行われる巨人軍のキャンプ地はメイン球場が内外野に芝生が張ってある美しい球場で、日本では広島の球場、神戸の球場とここの3カ所が素晴らしい野球場と言えるのではないだろうか？　ここで練習出来る選手は毎日気持ちがいいことと思うがこれは見ている人間の感想かな？

ここの問題点はブルペンが遠いこと。このブルペンのそばに立派なドームがありこれも素晴らしいのだが、少し遠いのが難点だ。中は少し無理をすれば内、外野に、一度にノックが出来るほどの広さがあり、人工芝も立派で施設としては文句のつけようがない。だから雨が降ってもまったく練習には支障をきたさない。巨人軍はここでキャンプの前半14日まで練習して16日から沖縄での練習に入る。キャンプの練習での前半戦でどこまで高橋由伸新監督の意思が選手に伝わるかが見ものである。

同じ市内にある宮崎市営のアイビースタジアムでは、2月1日から29日までここで昨年のチャンピオン、ソフトバンクが練習をしている。巨人が練習しているところが県営球場で、福岡ソフトバンクが市営球場ということで、さすがにキャンプ地、宮崎というところだ。

ここの球場は県営と違いコンパクトにまとまりを見せていて、メイン球場のすぐ隣に大きな広場という感じの四角いグラウンドがあり2軍の選手が練習している。

そしてレフト後方には立派なドームがあり、ブルペンがあり、打撃練習マシンが備えられて、まったくもって満点のキャンプ施設と言える。

王貞治監督、秋山幸二監督、そして昨年工藤公康監督、メンバーに共通しているのは何度も複数回日本一になっている経験を持っているということではないだろうが、これはのちに球団社長も務めた根本陸夫監督の願っていた路線かもしれない。勝てるメンバーを集めたら、勝てる監督を持ってくる。すなわち勝つ経験をしてきた監督ということになると思う。

何よりこのチームの強さの源はオーナーである孫正義氏の熱意だろう。今年も恵まれた施設で選手たちは日本一を目指して練習すると思います。勝つということはそれほど素晴らしいということである。

一つ心配することは勝ち続けることの難しさ。人は同じことをしていると不安になることがある。新しいことに取り組むことで時として歯車が狂うことがある。あるとすればこの点だろう。

次に日南市で練習を始める広島東洋カープ、ここ何年多くのファンの皆さんをがっかりさせる終盤の戦いを今年はなんとかしてほしいが、どんな練習をするのか?

この球場は少し前にリニューアルされて観戦スタンドも、グラウンドの土も以前に比べると本当に良くなった。このメインスタジアムとライト後方に立派な屋根付きのブルペン、その横に投手の守備練習が出来るグラウンドを作り、長年使わせていただいているグラウンドですが、まだまだ改良している。レフトの後方のサブグラウンドは屋根が付いているが少し古くなっているのでここを改良したいところだろう。コンパクトな練習場と言える。マシンの打撃練習の場所をもう少し作りたい。打者の成績を上げるために欲しい。

今年は緒方孝市監督の2年目だ。1月31日にどんな言葉を使って選手、スタッフに自分の野球を伝えるのだろうか？　今年は自分の目指す野球に対して遠慮なく頑張ってほしいと思うだけにこのキャンプでどこまで自分の言葉を使い練習するかがポイントだろう。

そこから15分から20分ほど車で走ると南郷町中央公園野球場があり、ここが埼玉西武球団のキャンプ地だ。昨年は開幕で失敗したシーズンを送り苦しい思いしか選手もスタッフもなかったのではないだろうか？

このチームはもっと力があると思うだけに残念なシーズンだった。昨年と同じことを繰り返さないようにしてほしい。そこのところを田辺徳雄監督がどこまでオフの間に原因を見つけたか？　キャンプでその点をいかに修正出来るかをしっかりと見てみたい。私が問題点と見ているのは若さが感じられないことだと見ている。メンバーはまだ発展途上の選手が多いのに変に落ち着いて見える点がある。

もっと相手に向かっていく荒々しさがほしいと思う。そこからこのチームの良さが生まれてくるような気がするのだが、田辺監督はどう感じているだろうか？

もう一つ今年はプロ球団がキャンプに宮崎に来た。

古くは近鉄球団、東京ヤクルトも来ていた、中日も来ていて賑《にぎ》やかだっただけにオリックスが来るということを聞いた宮崎の人は喜んだことと思う。宮崎市清武総合運動公園に2月1日から28日まで腰を落ち着けて練習に励むということだが初めての球場で少しやりにくいところもあると思う。地元の方も多いに喜んでいるのでプロ野球の練習を身近に、大人にも、子供にも、しっかりと見せてあげてほしいと思う。昨年故障者が多く出て苦しいシーズンを送った福良淳一監督だけにチームの復活をかけてのキャンプを頑張って良い練習をしてほしい。

キャンプでは監督が考えてきた今年のメンバーが出来る野球、「攻撃」「守備」「作戦」「戦略」これをしっかりと選手に定着してもらうために時間を使う場所だから、これからテレビ、新聞等で流れてくる監督のコメントをしっかりと見て今年のチームの準備を見ていきたい。

２０１６年1月29日

22 考える力 巨人、広島

投手陣が寂しい巨人、前田のことは忘れようよ、広島

２０１６年2月3日　巨人。

昨年で長年務めた原辰徳監督が退団して、今季から高橋由伸新監督が誕生しての1年目の

キャンプ、どんなことを考えてのキャンプを見せてくれるのか、楽しみにしてきた。

まず目についたのが「よく走るキャンプ」を考えているのかな？　10時から始まった練習は11時20分まで走ることに使うということで、いままで見てきた巨人軍のキャンプではなかった走るキャンプと言えるのではないだろうか。走る中身はそんなに感心しないが目的があるように感じた。高橋監督から見た昨年の故障者の多さはこの時期の走り込みが足りなかったという反省のもとに立ってのことだろうか？　ベンチから見ていたナインの故障を考えての練習だとすれば感心出来る。ただ、この中に長野久義、阿部慎之助という選手がいないのが少し気にかかるが、故障が原因だろうか？

そして投内連携、バントシフト、牽制、というチームプレーの練習が始まるのだが、これもいつもの年に比べて時間を大幅に割き、必要以上に時間をかけていたのが目についた。

バントシフトこれも多くの投手を入れてやり、なにより1番目についたのが牽制の練習をここまで時間をかけるか、という感じでやっていたのが今年の特徴として見えた。昨年打線が機能せず得点不足に泣いたチームからすれば当然いかにして失点を防ぐか？　ここにくるだけにこの考えは正しいだろう。

そして、問題の得点を稼ぐ打線のメンバーだが、今年も大きくは変わりそうにないというのが私の見方です。阿部選手が捕手に帰るということで一塁のポジションを誰が守るのか？　空いてしまった。

外国人選手を使うのか？　そうすると4人の枠をどう考えるのか？　マシソン投手を今年は先発にしたいというところがどうも関係しているようで、リリーフだと毎試合ベンチに入らなくてはいけないから登録をしなくてはいけない。となると二塁のクルーズ選手を使いたいとすると投手のマイコラス、ポレダ投手で埋まってしまうので一塁の外国人選手を使えない。そこでマシソン投手を先発に入れて10日間の登録抹消を3人で回せば使えるということが分かる。その措置からかもしれない。三塁の岡本和真選手が使えるとなると村田修一選手を一塁で使う手も見えてくるだけにここの問題を早く結論を出したいところですが、時間がかかるでしょう。問題は岡本選手がどこまで出来るか？　首脳陣としては早く見たいところと思う。ただその時の村田選手のフォローをしっかりとしたいものだ。

もう一つの手は片岡治大選手が三塁を守るということも視野に入れて考えられると思う。クルーズ選手を使いたいとなると片岡選手がベンチということになり少しもったいない気がするが、監督はどう判断するのだろうか？　とにかくこの時期にメンバーが内野、外野ともに決まっていないのは私からすると考えられないのですが、高橋新監督の頭の中ではもう決まっているはずだ。

一昔前は自慢の投手陣だったが、ここのところ不安の投手陣になってしまった感がある。マシソン投手、マイコラス投手、ポレダ投手という外国人投手の出来が今年の投手陣の出来に直接響くようになってきたように思うのが何より崩壊の感がする。内海哲也投手、菅野智之投手、高木勇人投手の頑張り、杉内俊哉投手は夏かな？　巨人というチームとしては少し寂しいメンバーに映る。若手を育てることが少し遅れた結果か、育たなかった結果か？　今年の課題として若手の育成が必要になってきた巨人軍の投手陣だと思う。

２０１6年2月4日　広島。

緒方孝市監督の唇がギュッと引き締まり「今年は頑張ります」という声が力強く聞こえた。私が長年通った日南球場のグラウンドで昨年の姿とは違う力強い姿が印象的だった。私が現役最後の年にグラウンドに現れたルーキーが監督として今年は頑張ってくれるだろう。

今年の広島はどこまで行くのだろうか？　主な補強として三塁に元中日のルナ選手を、そして投手ではジャクソン投手を、外国人選手としては獲得して保険で投手はヘーゲンズ投手、打者はプライディ選手を、この補強がどう作用するのか、楽しみにしたいと思う。ここ何年か外国人選手が故障して苦しんだだけに保険は必要だ。

毎年のことだが朝の9時から内野手、外野手、捕手の守備練習を行い、10時から本体の練習に入るというスケジュールは変わらず、今年はベースランニングが少し長いかな？　昨年の走塁ミスが少し多かった反省か？　午前中は守備、走塁を中心に練習、投手、野手のフォーメーションプレーにも時間を割いているが、もう少し細かくしたいと思った。シートノックはまずまずの出来だが元気を出してやってほしい。

今季のキャンプに上本崇司、庄司隼人、新人・西川龍馬、土生翔平という選手をキャンプに呼び活性化を図っているのか？　梵英心、中東直己、廣瀬純、赤松真人という選手を2軍に回して刺激しているのか？　岩本貴裕選手もいなかった。

今年の戦いに必要な選手を考えると、捕手に石原慶幸、會沢翼、一塁にエルドレッド、新井貴浩、二塁が菊池涼介、安部友裕、三塁はルナ、梵、堂林翔太に頑張ってもらい、遊撃が田中広輔、小窪哲也と明日のために美間優槻のどちらかを使いたい。外野手には真ん中に丸佳浩、右に鈴木誠也、左に松山竜平、サブが赤松、野間峻祥、天谷宗一郎も使いたいところだが、捕手も磯村嘉孝を入れる手もあり難しい。ただ、メンバー的に故障者を出さないように使いたいというのが本心だ。

投手にいくと今年はどうしても前田投手が抜けたことが話題として出てきてマイナスのイメージが強いのだが、これは忘れようよ。考えても仕方がないから、新しい投手を考えると新人の岡田明丈投手が素晴らしいボールを今日見せてくれた。まだキャンプは始まったばかりだけにどうこう言うのは早いが、素晴らしい投手になる予感がする。

すぐに前田健太投手の代わりは出来ないが追いつく可能性を感じさせてくれた。そこに昨年大活躍のジョンソン、黒田博樹、福井優也、もうひと頑張り欲しい野村祐輔、ファンの期待が集まる大瀬良大地、これで6人の先発投手が考えられる。

中継ぎに今村猛、私はこの投手も先発で使いたいのだが、一岡竜司、中田廉、九里亜蓮をあてて中﨑翔太につなぐ投手にもう一人ジャクソンが使えると嬉しい。3月のオープン戦でテストしたい。

まだまだいるのだが左投手が出てないが、戸田隆矢、中村恭平、新人の仲尾次オスカル、久本祐一たちが使えると幅が広がると思う。

23 考える力 ソフトバンク、西武

どこがこのチームを苦しめるのかな？　それにしても西武……

2016年2月5日　ソフトバンク。

昨年の日本チャンピオン、工藤公康監督にとっては「勝つ」ということを宿命づけられたシーズンの始まりである。この日の朝にチームにとってはいいニュースではないが李大浩選手のマリナーズ入団の新聞記事が大きく報道されていた。だがチームはまったく動じない雰囲気で練習に取り組んでいたように見えた。チームの5番打者を失ったのだから本来なら少しは落ち込むはずだが、そんなそぶりを見せないのがこのチームの強さなのだろうか？　確かに穴を埋める選手は確保出来るということだが、相手投手からすると昨年よりも楽になることは事実と思う。

昨年の主な打順は3番柳田悠岐、4番内川聖一、5番李大浩、6番松田宣浩。李大浩が抜け

たので、おそらく5番に松田ということになるだろう。いままでDHで使っていた内川選手を一塁で使うことになれば、DHに誰を使うか？　内川選手が疲れた時には一塁を誰にするか？少し考えることが必要になるだろう。それとカニザレス選手をどう使うのか？　昨年一軍では14試合しか出場していないだけに少し心配するのだけれど、どう出るかな？　若手の頑張りが目立つチームだが、昨年ケガのために30試合しか出るチャンスがなかった長谷川勇也選手の今年の頑張りも見ものだし、本多雄一選手もまだ老け込む歳ではないと思うので頑張ってほしい。

もう一つは相変わらず捕手が手薄のように見える、高谷裕亮、鶴岡慎也、細川亨、この選手の中から調子のいい選手、投手との相性のいい捕手を使うのだと思うが、そろそろ固定したい時期だと思う。そして次の時代の捕手の育成を真剣に考える時期でもある。

他球団が羨ましがる豊富な投手陣がブルペンで投げているのを見ると壮観である。

中田賢一、帰ってきた和田毅、バンデンハーク、武田翔太、摂津正、中継ぎの五十嵐亮太、森唯斗、森福允彦、バリオス、千賀滉大、この中から誰を選ぶのか、難しい作業である。まだまだ若い投手がこの座を待っている。抑えはサファテが今年も頑張るのだろう。今年は松坂大輔がどこまで回復するのか？　多くのファンが期待しているだけに注目しているが、いまのままでは苦しいと言わざるを得ない。ここからどこまで松坂投手が頑張るか、見ていきたい。

いずれにしても今年もパ・リーグを引っ張るチームであることは間違いない。どこがこのチームを苦しめるのかな？　そんな意地悪な見方をしたくなるチームである。

２０１６年2月6日　西武。

昨年開幕時に故障者が出て、開幕ダッシュに失敗、この失敗がペナントレースの大半を支配したような感じを受けた埼玉西武の戦いが印象に残った経験を今年はどう修正するか？　何を昨年から学んで今年につなげることが出来るか？　今年のテーマは決まったように見える。

キャンプ地の南郷はそんな雰囲気を感じているのか選手たちは昨年よりも明るく見えたのは恐らく「今年は失敗しないぞ」という気持ちが溢れているのだろう。いまはフロントにいる前監督の渡辺久信氏も今年の西武の戦いに期待しているように明るい雰囲気で練習を見つめていた。自分が足を運んで獲得してきた外国人選手が気になるのだろう、熱心に説明をしてくれた。

私の見方は「西武」というチームの野球をいまの選手がどこまで理解しているのか？　ここにあると思う。西武というチームの歴史を見てみると素晴らしい成績とともにしっかりとした野球がチームにあったことだ。「これが西武の野球だ！！」と言える野球をしてきたがここ何年そこが崩れてきているように見える。まずこのへんを修正してほしい。いい選手はいるのだからあとはしっかりとした考えだと思う。

投手陣を見ても右の岸孝之投手、左の菊池雄星投手、ここがしっかりとした柱になって戦いたいものだ。そこに新外国人投手のバンヘッケン投手、牧田和久投手、十亀剣投手、野上亮磨投手、郭俊麟投手、ここに若い高橋光成投手が先発の座をじ～と狙っている先発投手陣、抑えの高橋朋己投手もいまのところ順調にきていると思う。

中継ぎに新外国人投手C・C・リー投手が務めることになりそうで、武隈祥太投手、岡本洋介投手、増田達至投手、というメンバーで乗り切れるだろう。

打線を見るとここは本塁打を打てる選手が多く、ともすれば荒っぽくなる傾向があるが、ここを監督、コーチがどう教育するか？　隙のない野球をどこまで若い選手に教え込むかがこのチームの将来を決めるだろう。

昨年シーズン安打日本記録を達成した秋山翔吾選手が今年も1番を務めることになるが、どこまで記録のことを忘れることが出来るか？　苦しむとしたら記録にとりつかれた時だろう。そして栗山巧選手、もしくは浅村栄斗選手ということだろうが、本来ならば3番に浅村選手が固定して育てたいと思うのだが、まだどうも本人の自覚が出てきてないように思う。

4番には中村剛也選手、5番にメヒア選手、ここは固定でき、6番に森友哉か？　ここまで得点を稼ぎ、投手で逃げ切る。そんな戦いが出来るチームに育ってほしい。捕手は今年も投手からの信頼の高い炭谷銀仁朗選手、外野の1角、そして遊撃が決め手に欠けているが内野手だった田辺徳雄監督の目を信じたい。

キャンプが始まったばかりの練習でまだ「これ」ということは出来ない時期です。体が昨年と同じように動くかな？　同じように走れ、投げられ、打てるかな？　という確認作業に時期にあ〜だ、こ〜だ、は言えないがキャンプの雰囲気は伝わってきた。次は沖縄のニュースを後半に送りたいと思っている。

2016年2月9日

24 沖縄散歩　阪神、DeNA

野手出身の監督は投手の微妙なところがなかなか把握出来ない……

2016年2月16日　阪神。

羽田から朝の早い便に乗り沖縄に入り、阪神対東北楽天の練習試合を見に行った。宜野座で行われた今日の試合はこの時期ですから当然若手を起用、ここまで練習してきたものが試合の中でどこまで出来るか？　これを監督は見たいと思う。

阪神は金本知憲監督、対する東北楽天は監督就任3度目になる梨田昌孝監督、どんな先発メンバーで来るのか？　楽しみにしていると、まず投手だが、阪神岩貞祐太投手、東北楽天は安楽智大投手、少し狙いが見えてくるような感じで阪神投手陣の中で安楽投手のような若手が見えないというところかな。今日の試合に用意した投手を見ると2番手が秋山拓巳投手、岩崎優投手を次が鶴直人投手、歳内宏明投手、二神一人投手、今年最初の練習試合ということを考えるともう少し経験を積ませたい投手でいく手もあったかな？

それとも自分のチームの今年使える投手の確認がしたかったのか？　そんな感じの投手起用を金本監督は見せた。

今年のシーズンを考えると先発にはメッセンジャー投手、藤浪晋太郎投手、能見篤史投手、ここは決まりで、次に岩田稔投手、榎田大樹投手、アメリカから帰ってきた藤川球児投手をどこで使うのか？　これからかなって感じでしょう。オープン戦で抑えの投手の出来が藤川投手の使い方に影響するだろう。

中継ぎが福原忍投手、いまはいないが安藤優也投手、高宮和也投手、中日から来た高橋聡文投手、抑えが外国人投手というところがいまのプランかな？　いずれにしてもこれから金本監督が誰を選ぶのか？　少しオープン戦の出来を見ていきたい。

ただ、投手陣の使いどころがはっきりしてない状況だけに考えることが多くなる。金本監督は野手出身の監督で1年目ということを考えると、投手の微妙なところはなかなか把握出来ないのではないかと少し気になるのだが、ここのところを香田勲男、金村暁投手両コーチがどこまでカバー出来るか、意見を言えるかがポイントになるだろう。

そして就任以来積極的に力を入れて改革している打線、こちらは期待の若手が今日の試合に結果を出してくれて、少し嬉しい試合ではなかったかな。今年は頑張ってもらわなければいけない西岡剛選手がセカンド、1番で出場、本塁打を打ち、ヒットも記録、少しレベルの違いを見せたような活躍だった。

ただ見ていて心配なのはケガかな？　ここにこの選手の弱点が 見えるような気がする。怖がってはいけないが、無防備も困る。自己管理、簡単なようだが、1年間試合に出るためのケガ対策をしっかりとしてほしい選手だ。そして今年期待の横田慎太郎選手、江越大賀選手、陽川尚将選手の思い切りのいいスイングは監督を喜ばしたのではないだろうか、練習で思い切り振れても試合ではなかなか出せないスイングが今日は出来ていたと思う。これを今後どこまで続けられるか？　監督が結果の出ない時期にどこまで我慢出来るか？　選手がやり続けることが出来るか？　楽しみと同時に不安も見えるが期待したい。

野手のメンバーはなかなか壁が厚いだけにこれから相当頑張らなくてはいけないだろう。

そして、鳥谷敬選手をどこで使うのか？　1番なのか、3番なのか、監督がキーマンとして名前を挙げている選手だけにどこで使うのかがチームの士気に大きく影響すると思う。

2016年2月17日　DeNA。

昨年オールスター戦まで頑張って、首位でターンしたチームが後半戦失速して最下位という結果に終わり、今季は監督を代えて臨んできた沖縄、どんな先発メンバーで今日の試合を戦うのか？　新監督のラミレス采配を注目しての試合、まず、先発メンバーに筒香嘉智選手、ロペス選手、新外国人選手のロマック選手を3・4・5番に入れて臨んできた。

勝ちたいというメッセージが見えているようだ。先発投手はドラフト1位の今永昇太投手。今季は期待の左腕だろう。

ただ、私は、あまり新人選手はこの時期、計算しない方針だ。監督としてはマウンドでどんなパフォーマンスを見せてくれるか、気になるところだろう。

この投手は東京ヤクルトの石川雅規投手を連想させる投球内容で、少しスピードがあるかな？　成功するにはカーブの使い方が注目されると思う。これからオープン戦でどこまで自分の特徴を出せるか見ていきたい。

その投手陣を考えると、昨年も苦しんだのが、先発投手陣で今年はどう整備するか？　メンバーを上げてみると久保康友投手、山口俊投手、井納翔一投手、ここまでは何の問題もないローテーションで選べると思うが、これに続くのは三嶋一輝投手だろう。毎年期待されている投手で、彼の持っているボールからすれば文句なくメンバーに入っていておかしくないのだが、まだそこまでの信用が出来てない。次に外国人投手だがラミレス監督はここをどうするのだろうか？　先発タイプの投手を2人入れるのか、それとも、先発タイプは1人で、もう1人はリーフタイプにするのか？　これから決めるのだろう。

モスコーソ、エレラ、ペトリック投手たちの使い方が注目される。大ベテランの三浦大輔投手を休養十分で送り込み、須田幸太投手もチャンスを与えたい投手で、左投手がいないので砂田毅樹投手も育てたい。中継ぎには三上朋也投手が今年は最初から参加出来そうで、小林寛投手をどうするか？　加賀繁、高崎健太郎投手の使い方を考えなくてはならないだろう。左投手は福地元春、田中健二朗、大原慎司投手の中から誰が出てくるか？

国吉佑樹、長田秀一郎という実績のある投手の頑張りも見たい気がする。抑えは今年も山崎康晃投手が頑張ってくれるだろう。

さて次に打線を考えると昨年も頑張った印象があるのだが、チーム打率2割4分9厘、セ・リーグ3位、本塁打は112本で1位の成績を残しているが、チームの結果が出ていないということは改良の余地があるということか？　今日の試合を見ていて感じることはケガをされては困る選手が多いということではないだろうか？　たまたま梶谷隆幸選手が試合前に脇腹を痛めて今日の試合を休んだから思うのかな？　この梶谷選手、ロペス選手、筒香嘉智選手、石川雄洋選手というところは代わりがいない。

どのチームもそうだが特にこのチームは直接得点に影響を与えるだろう。新外国人選手のロマック選手はあまりクセがない打ち方をしているが、もう少し時間を置いてから論評したい。捕手、遊撃手というところを早く決めたいところで、今日の先発の黒羽根利規捕手、高城俊人捕手、嶺井博希捕手、そして今年入団した戸柱恭孝捕手の中からラミレス監督は誰を指名するのか？　見てみたい。

今年のチームとしての見どころはラミレス監督が選手時代に見せた緻密な情報をどのように選手が活かすことが出来るか？　相手チームは気になるところだろう。

25

沖縄散歩 ヤクルト、中日

これを乗り越えて結果を残して、初めてレギュラーの座

2016年2月18日　ヤクルト。

昨年のセ・リーグチャンピオンのチームである。その割には浮かれたところがない。じっくり見ると、ファンの方も浮かれていない。なぜかな？　もう少し華やかさがほしいところだ。優勝したのだから、この静けさがいい面に出るか？　沈むか？　昨年に比べて抑えのバーネット投手が抜けた穴が大きいことは分かるが、少しプロ野球ということを考えると寂しい。とはいえ、今年も昨年頑張ったメンバーは今年も元気にグラウンドにいた。

今日は韓国チームとの練習試合で先発が小川泰弘投手、この時期にもう試合に投げられるということは順調に着ているということだろう。

ボールはまだ練習段階ということだが十分だろう。今年も頑張ってくれると思う、そして先発投手陣を考えていくと、昨年13勝を記録した石川雅規投手、5勝の石山泰稚投手、手術の関係で少し春先は苦しいかもしれないが館山昌平投手が復活して昨年6勝を記録、チームにとっても、本人にとっても大きい勝ち星だった。そこに昨年あまり活躍出来なかった成瀬善久投手、6勝を記録した山中浩史投手が今年はどんな投球を見せるか？　1勝しか記録出来なかった杉浦稔大投手、力はあると思うだけに期待したい。だから先発は心配ない陣容に見える。

今年の問題はここからの中継ぎ、抑えということになるだろう。昨年、セーブポイントを挙げたのは、バーネット投手と松岡健一投手の2人。松岡投手は1セーブ。41セーブを稼いだバーネット投手が退団しただけに心配だ。中継ぎもロマン投手を解雇、先発、中継ぎ、どこでも出来ただけに外国人選手の枠の問題があったのだろうが、大丈夫だろうか？　オンドルセク投手、秋吉亮、松岡、山本哲哉投手たちのオープン戦に注目したい。

打線を見るとバレンティンの調整が順調に進んでいるようで昨年より長打が増えるだろう。山田哲人選手、川端慎吾選手も順調にきている。あとは畠山和洋選手が腰を少し痛めているようだが開幕には間に合うようで、雄平選手も今年は同じ失敗はしないだろう。捕手の中村悠平選手も良いからここのチームの打線は1番打者を誰にするか？　ここだけだろう。ここまでのキャンプは順調にきていると思う。

怖いのはここも何年にもわたり経験したケガ人を出さないこと、そして今年は昨年のチャンピオンということで他チームが昨年と違った見方で戦いを挑んでくるということだろう。昨年のように無欲で毎試合戦いに挑むことが出来るか？

2016年2月19日　中日。

若返りを図っている中日の今年はどうなんだろう。少し目玉の選手がいない関係でキャンプ地のお客さんの数が少ないのが気になるが、谷繁元信監督はじめ選手は昨年の反省を含んだ練習を見せてくれた。中日といえばミスやエラーの少ない野球を見せてくれていたが、この何年はそこが破綻してきたように感じて見ていた。昨年も90個を超えるエラーが出て中日の野球が表現出来なかったと思う。その反省か時間をかけて守備を練習していた。問題はなぜこの練習が必要か、選手が自覚してくれるか？　ここに尽きる。

今季の先発投手を挙げてみると、大野雄大投手、若松駿太投手は問題ないが、この次にくる投手が吉見投手、春先の寒さはどうだろう、昨年調子が上がらなかった山井大介投手、浜田達郎投手にもチャンスがある。そこに岡田俊哉投手が入り、バルデス投手が絡んでくれるとバランスが取れる。そして新外国人投手がどこで使えるのかはいまからのオープン戦で見ていくことにしたい。昨年苦労した中継ぎの投手の出来が今年もチームの勝ち星に大きく影響を与えることになると思う。

昨年何試合ここのポジションの失敗で試合を落としたか？　ただ、人はいるのだが、安心して任せる投手が出てくるか、ここでしょう。田島慎二、又吉克樹、浅尾拓也、祖父江大輔、この投手たちの働き次第でチームの順位が大きく左右されると思う。抑えは岩瀬仁紀、福谷浩司投手に頑張ってほしいところだ。

そして話題の新人投手、小笠原慎之介投手が昼の休み時間にメイングラウンドで打撃投手として登板して、先輩相手に見事な投球を見せてくれた。高校生の新人投手の場合先輩に投げる時には「ストライクを投げなければ」「当ててはいけない」「抑えたい」色々なことを考えながら投げるものだが、見事な投球だった。右の福田永将選手、左の古本武尊選手に対して左右関係なくストライクを投げるのに苦労することなくバランスの良さを見せてくれた。四球の少ない投手になるだろう。

もう少し時間が経てばボールのキレは上がり、打者が苦労するようなストレートが投げられそうだ。オープン戦での登板が楽しみな投手に見えた。

その投手陣をサポートする打線だが、こちらは「どうするのかな？」という段階だろう。この何年で井端弘和選手がいなくなり、和田一浩選手の小笠原道大選手も引退して、代打を誰が受け持つのか？ここは公式戦に入り考えるところだろう。捕手の問題も解決したい、監督が捕手出身だけに厳しい目でどうしても見るからなかなか決まらないのは仕方がないが、目安はつけたいところだ。もう一つは4番だ。チームの柱というべき4番打者を平田良介選手か、新外国人選手のビシエド選手か？これから見ていくのでしょうが、早く決めたい点です。大島洋平選手、藤井淳志選手、平田選手の外野手があとのメンバーが出てこない。福田、井領雅貴、あたりに期待かな？

これからの課題として代打、代走、守備固めのメンバーも考えたいところでやることがいっぱいのオープン戦になりそうだ。今年は何としても上位での争いをしなくてはファンが失望するのではないかというチーム事情があると思うだけに谷繁監督には頑張ってほしい。

ここまではキャンプ地での各チームの練習である。

これからはシーズンと同じように移動しながら試合を重ねていく。経験のある選手たちは過ごし方を知っているだろう。でも新しい選手たちはここからどう過ごすか？　練習時間をどう確保するか？　考えることがいっぱい出てくる。これもキャンプだ。これを乗り越えて結果を残して、初めてレギラーの座を射止めることが出来る。頑張れ若手の選手たち！！！！！

２０１６年2月21日

26 2次キャンプで決める柱

チームの力を図るにはまだ少し早いが構想が見えてくる

アメリカでは4年に一回の大統領選の候補者選びの選挙が行われていて、大変な騒ぎとなり、各州で盛り上がりを見せている。特に3月1日のスーパーチューズデーで今回の選挙の大勢が見えるだけに凄い盛り上がりを見せました。そんなアメリカから比べると、比べようがないのですが、日本では今年もプロ野球がキャンプ地での一次キャンプが終了して、二次キャンプのオープン戦が各球団で始まりました。

一次キャンプで頑張った若い選手たちがこの二次キャンプでどんなチャレンジを見せるか？いままで頑張ってきた中堅選手たちが跳ね返すのか？　そしてオープン戦で監督が誰を先発

に使うのか？　それを監督がテストするのが2次キャンプの序盤での見どころで、チームとしての力を図るというにはまだ少し早いのだが、この若い選手たちがチームに大きな刺激を与えてくれることは確かだろう。

2月20日に沖縄で始まったオープン戦、巨人－DeNA戦、この試合では巨人は先発にマシソン投手を、期待の岡本和真選手を今年三塁手に固定出来るか？　3番打者として、2番には新人の重信慎之介選手を起用、新監督の期待が見えるようだ。そして昨年ブレイクした立岡宗一郎選手の確認かな？　対するDeNAのラミレス監督は同じ新監督だが、昨年はプロ野球の現場から離れていただけにチーム全体の雰囲気、そして自分の野球を選手に理解してもらう意味でも大切なオープン戦になるだろう。

そして、誰が柱になり、誰を切り込み隊長にするのか？　チームを落ち着かすためにも早く全体を見せたいだろう。

次が千葉ロッテ－中日戦ですが、こちらは両監督がチームをよく知っているチームだと見えるだけに、補強のポイントも今年は決まっているだろう。特に千葉ロッテの伊東勤監督は、今年はどうしても勝ちたいシーズンだけに強敵・福岡ソフトバンクを倒すにはどこを突けばいいのか考えながらのオープン戦になるだろう。

その意味では序盤戦に新外国人選手が犯したミスは大きいダメージになってしまった。このチームの将来を考えると、新人の平沢大河選手を育てたいところだ。相手の中日は谷繁元信監督が専任監督としてのスタートを切るシーズンで、どんな采配をグラウンドで見せるか？将来に向かってどんなプランを持っているかが見たいシーズンである。ここの見どころは新外国人選手のビシエド選手がどこまで活躍するか？　この選手が活躍すれば他の選手が引っ張られてチームに勢いがつき面白いと思う。次の時代を考えると、捕手の固定を早く決めたいのだが、最近はどこのチームも捕手を固定しないでケースバイケースで使う傾向があるだけに谷繁監督は将来に向けてどんな構想を持っているのかが今年は見えるだろう。

広島 - 東京ヤクルト戦は今年もシーズンでの成績が両チームの順位に関係するだけにこの時期のオープン戦といえども気が抜けないだろう。オープン戦だからと気を抜いているとシーズンに影響しそうな気がするからだ。広島は新人選手のテストよりも、チームの柱となって投げてもらいたい野村祐輔投手の先発が緒方孝市監督の気持ちを表していると思う。そして2番手に大瀬良大地投手が故障をしてしまったために、頑張ってほしい新人で評判の高い横山弘樹投手を登板させてテスト、投手の使い方を見てみると、どうしても勝ちたいという気持ちが表れた采配だったと思う。

打線もそんな緒方監督の気持ちに応えて11点を奪いヤクルトに大きなインパクトを与えたことだろう。

対する東京ヤクルトは、広島は左投手に弱いというデータをもとに今年は頑張ってほしい成瀬善久投手を登板させ、2番手に杉浦稔大投手、新外国人投手ペレスという順番でテストしたという感じに見える。野手も1番にオリックスで頑張ってきた坂口智隆選手をテストしているが、この選手は十分に戦力として機能しそうだ。元気がいい!!　広島としては要注意でしょう。

次の日の21日には千葉ロッテ−北海道日本ハム戦が行われて、日本ハムの栗山英樹監督は左腕の吉川光夫投手を指名、ほぼ開幕メンバーで試合に臨んできていた。その中で唯一新人では横尾俊建選手をテストしている。

今年大きな話題を提供している阪神は、東京ヤクルトとの試合を行い、結果は5−1で勝利、幸先のいいスタートが切れたと思う。金本知憲監督が指名した岩崎優投手が4回で6安打されたが連打を許さず0点に抑えて監督を喜ばし、2番手のテストをした秋山拓巳投手も3回を0安打でしのぎ、今年は少し違うぞ!!　という姿を見せたと思う。事実今年は16日の東北楽天との練習試合の時に見た秋山投手は昨年までマウンドでみせていた力《りき》みがなく、リラックスした投球を見せているのが印象的に映った。

今年これが持続出来れば期待してもいいと思える投球内容だった。

もう一人歳内宏明投手が8回に1点を奪われたが、試合の勝敗には関係のない1点であった。打線も大和が3安打、期待の横田慎太郎が2安打、北條史也が2安打、陽川尚将、ペレス、中谷将大、上本博紀という、いま頑張らなくてはいけない選手が結果を残してくれ、金本監督は喜んでいると思う。

東北楽天もオープン戦が始まり、もうベテラン監督になった梨田昌孝監督がどんな雰囲気を作り試合をするのか？　と見てみると、やはりこちらは毎年今年こそはと期待されている森雄大投手が先発、戸村健次投手、新人の石橋良太投手、3年目の相沢晋投手というメンバーで臨んできた。

野手の方も2番に新人・吉持亮汰選手を遊撃、中堅では話題のオコエ瑠偉選手というところをテストしてチームを観察しているところが見えるような気がする。ベテランでは広島から来た栗原健太、外国人選手アマダーなどをいまの時期に使いながらテストしているように思える。

3月に入り、これからは全球団がオープン戦に入る。

2日に始まり、3日に千葉ロッテ－オリックスの試合が行われて、これで10球団が出てきた。今回のオリックスは昨年悔しいシーズンを送り、オーナーがかなりの勢いで強化を図っただけに、今年は失敗が出来ないシーズンとなると思う。キャンプから福良淳一監督の厳しいコメントが新聞、テレビから伝わってきている。

そのチームの第1戦は「勝ちに来たね」ということが見える先発投手で金子千尋投手の登板となった。2番手に松葉貴大投手、3番手に佐藤達也と並べて勝ちに来たが、2番手の松葉投手が失敗しての敗戦。福良監督は悔しい初戦となったと思う。オープン戦とはいえ、昨年失敗したチームにとってはこのオープン戦で勢いをつけたいだけに、これからどんな起用を見せるかが見どころとして期待したい。明日は福岡ソフトバンク、埼玉西武が最後に出てくる。

その埼玉西武が3日に東北楽天を相手に倉敷でオープン戦に突入した、失敗出来ないシーズンと知っての田辺徳雄監督のシーズンである。その意気込みを見るような先発投手は菊池雄星投手、入団以来今年こそ、今年こそと15勝、20勝の夢を見させてくれる投手だが、いまだに10ラインに届かない。

期待に応えての投球は4安打1失点だが、初回に1点を取られたのが気に入らない内容です。野手はまだ秋山翔吾、中村剛也、メヒア選手は出ていないが浅村栄斗選手は頑張っている。

そして最後に昨年のチャンピオン、福岡ソフトバンクの工藤公康監督が地元で阪神を迎えての初戦、千賀滉大投手を立てての戦いに挑んだ。今年この投手を武田翔太投手のように何としても育てたいように感じる。そしてこの時期にしては早いと思える抑えの切り札、サファテ投手を最後に投入、延長戦での負けを防ぐあたり、今年のペナントに向けての準備が見えるようだ。

この工藤監督は監督としては2年目の若い監督だが、いままで素晴らしい監督のもとに元日本一に何度も輝き、勝ち方をしっかりと知っている監督と思える。若手時代の工藤監督を教育した広岡達朗、森祇晶両監督からしっかり教えを受けたような采配を見せることがある。

これで12球団全てがオープン戦に入り、若手の成長、中堅のレベルアップを図る時期を迎えた。監督が期待する、どの選手が今年はチャンスを掴むか？　頑張りを期待したい。

２０１６年３月４日

27 コリジョンルールに向き合う

野球本来の激しさというものを削ぎ取ってしまうよ

2016年5月11日、甲子園球場行われた阪神対巨人戦、コリジョンルールが適用されてセーフの判定が覆った。

コリジョンルールとは、本塁ベース上での捕手と走者の危険な衝突を避けるために2016年から導入された新規則である。大概は「捕手は走者の進路を妨害しないよう、ホームベースの一角を空けておく」ことなのだが、導入に関しては、時期尚早というのが私の感想だ。アンパイアが気の毒でならない。

メジャーリーグでは日本に先駆けて2014年にルールブックに書き加えられたが、審議にさほど時間をかけずに導入されたようだった。球団を経営するオーナーの側からすれば、高い年俸を払っている選手を故障で欠くのは頭が痛いところで、ファンにしても好選手がケガでグラウンドからいなくなるのは悲しいことである。

しかし、このルールは野球本来の持っている激しさというものを削ぎ取ってしまうよ。もちろん、やってはいけないプレーに対しては厳しく処罰すべきだ。昨年まで阪神タイガースに在籍していたマートン選手が相手捕手に故意と見られても仕方ないようなタックルを食らわし、これが問題視されていた。格闘技ではないのだから、相手捕手を突き飛ばすようなプレーは絶対にやってはいけない。こういうプレーだけを禁止にすれば、混乱は起きなかったはずだ。

また、このルールの導入によって、「0・1秒」を争うスリリングなプレーが見られなくなってしまった。「0・1秒」を争うホームベース上のクロスプレーに直面した選手はどうスライディングをすればいいのかを考え、捕手はどうやってホームベースを死守するか、ケガをしないためにはと考えてきた。そのためには、走者も捕手もどうやって練習していけばいいのかを考えていた。このルールの導入によって、クロスプレーについて考える必要がなくなった。だから、野球の進化がここで止まってしまうのではないかとも危惧している。

次は、一塁走者が併殺プレーを防ぐために二塁ベースに入った内野手を転ばせる走塁についてもメスが入るだろう。

ネット裏から見ていて、「やりすぎでは？」と思うスライディングもあった。相手野手にケガを負わせるようなプレーは禁止しなければいけないが、野球は人がやる以上、ルールブックにほんのちょっとでも誤差を残しておくと、そこを盲点として突いて来る。この誤差を突かれたら、ルールは成り立たなくなる。だから、今回は強行措置のように導入させてしまったのかもしれない。

日本はメジャーリーグがルール変更すると、すぐに取り入れてしまう。少なくとも1年は議論をして、1年は実施で、アンパイアを交えて、もう1年……。だから、3年目に導入するくらいで良かったのではないか。「その間にケガ人が出たらどうすんだ？」と聞かれたら答えようがない。実際、私の現役時代、先輩捕手が体の大きな外国人選手に突き飛ばされ、頸椎を損傷する大ケガに見舞われた。不幸な例は過去にもたくさんあった。

しかし、本来、やってはいけないプレーというものは、はっきりしている。そんなにたくさんはない。併殺プレーを防ぐセカンドベース付近での接触プレーでもそうだ。セカンドベースに入った内野手がすでに走者の進行方向から逃げたあとなのに、ベースではなく、その内野手のほうに向かってスライディングをしている。こういうプレーがダメなのだ。お互いに、プロとしてのプライドをもっと高く持つべきだ。

プロとは、お互いに一つの土俵でやる以上、相手にケガさせないというのがルールである。それこそがプロとしてのプライドではないだろうか。スパイクの金属歯を相手に向けて滑り込むなんて、絶対にあってはならないことなのだ。

生きる、死ぬの戦争ではない。野球というスポーツ競技をしているのであって、プロとして、最低限のルールは守らなければいけない。そこのところが理解出来ていれば、こんなルールは必要なかったのかもしれない。

プロとしてのプライドを感じさせないプレーが目立つようになったのは、いつからだろうか。何の影響だろうか。ふと、思い出したことがある。日本でサッカーのワールドカップが開催された2002年、私も横浜でその一戦を観た。ちょっと驚いた。相手選手のジャージを掴む、押す、無理やり倒す……。かつて、日本のサッカーはクリーンなプレーに徹していたのに、いまでは応戦していた。ワールドカップ、国際試合の経験を積み重ねていき、競技レベルは確実に高まったが、同時にラフプレーまで浸透してしまったようだ。

野球にもWBCがあり、キレイ事だけでは勝てないのは分かっている。だから、インサイドワークやルールの矛盾、審判の盲点を突くプレーもやるという風潮になってしまったのかもしれない。どのスポーツも国際試合を積み重ねてレベルが高まっていくが、それと同時に、ラフプレーも覚えていく。スポーツの相反する矛盾だ。非常に難しい問題である。

２０１６年6月7日

28 野球賭博

過ちを犯してしまった過去の歴史を教える教育が必要だ

２０１６年、ペナントレースの開幕を迎える前、プロ野球界はいくつかの悲しい事件に直撃した。詳しい事情は分からないので蒸し返すつもりはないが、野球賭博に関連する事件についてはこんな感想を持った。「ああ、いまの子は歴史を知らないんだ」と。

１９６９年、球界は野球賭博の事件に見舞われた。同年シーズン中、西鉄ライオンズの主力選手がわざと試合に負ける敗退行為（八百長）をしているとし、球団、パ・リーグが内々に調査を開始した。その結果、直接の証拠は見つからなかったが、球団社長が「状況から間違いないと確信した」と発表し、主力投手が永久出場停止となった。
また、その主力投手に誘われたとする複数の選手も重い処分を受け、彼らと交遊のあった中日ドラゴンズの人気投手も後の調査で敗退行為を行っていたことが判明した。主力選手を喪失した西鉄は、翌年から3年連続最下位と低迷し、経営面でも行き詰まり、球団売却につながったとされている。

多くのファンを失望させ、一般新聞の社会事件欄でも取り上げられた大事件だった。これだけ不幸な事件を知っていれば、今回の事件に関与した若い選手たちにも自制心が働いたはずだ。プロ野球界の歴史を知らないから、過ちを繰り返してしまったのではないだろうか。

プロ野球選手にもしっかりとした教育が必要だ。学科の成績のことではない。野球界の歴史を知り、自分たちがどんな経緯を経てユニフォームを着ることが出来たのか、また、組織としてこんな過ちを犯してしまったとする過去も教える必要がある。選手に自制心を持たせるという意味で、歴史を教える教育が必要だと思う。

日本プロ野球機構（ＮＰＢ）は毎年、新人研修会を設けている。警察の方、暴力団関係の事件を扱う刑事さんもお招きし、「こういう手口で選手に近づいてくるんですよ」と教えている。しかし、プロ野球界が過去に犯してしまった歴史を教える講義はないと聞いている。あったとしても、しっかり時間を取っていないのだろう。今後のことを考えれば、はっきりとそういう事例も教え、知らせる必要がある。なかには「もう、昔のことだから……」と否定する人もいるかもしれない。しかし、知らないことを教えてあげるのは親切であって、最大の防止策にもなるのではないだろうか。

あの痛ましい事件から40年以上が経ったせいか、一般のプロ野球ファンの方々にも聞いてみたら、「知らない」と答えた人が多かった。大半の人が知らなかった。人間はやはり忘れる。また、いまの社会は情報が広まるスピードが早すぎて覚えていられないのかもしれない。野球選手だけが特別に知らないということでもないようだ。

その時代を知る者として、私も昔の傷跡に触れることには抵抗がある。だが、当時の事件の詳細を知らなくてもなんとなく覚えている人も少なくない。

そんな年長の人たちからすれば、今回の事件は「またか」という嘆きになる。過ちを繰り返さない、球界が自浄能力をより高く持つためにも、知らないことは教えてやる。野球界のＯＢとして、意見を求められるとすれば、私から言えることはそれだけだ。

２０１６年６月７日

第4章

すべてに「最短の道」はない

29 見切る、見極める

スター選手の引き際の難しさを考えてみた

秋になるとドラフト会議で若くて才能豊かな選手が数多くプロ野球の世界に入ってくる時期を迎えて新聞、雑誌を中心に活躍を期待する記事が連日掲載されている。その横にこれまでプロ野球界を支えてきた選手たちが引退という道を選択して新たな道に旅立って行く時期を迎えている。

そんな選手が歩いてきた道を振り返ってみるとどんな選手だったのか、何をしてきた選手なのかが少しは見えるのではないだろうか。

1番はやはり中日の山本昌投手かな？　野球が好きだったんですね〜〜、今年50歳になるという選手がプロ野球に在籍しているという我々の世代には夢のような話だが現実にプレーしてきたのだから凄い。この投手、ボールが速いのか？　いいえ、コントロールが生命線で投げてきた投手というところが長く出来たところと関係があると思う。素晴らしいスピードボールを投げる投手はどうしても肩や、肘に故障を起こしやすいが、ボールがそんなに速くない投手の場合、負担も少なくて済むようだ。当然持って生まれた強さがあるのだが、この点も見逃せないと思う。

そして何より投げることが好きだ！　この気持ちが大切になると思う。マウンドに上がりたいから普段の生活も当然野球が中心の生活となり、野球に集中した生活を送るようになるだろう。ここが何より大事な点だと思う。140キロに満たないストレートを自信を持って内角に投げ込むコントロール、打者に内角を意識させて外に生命線のスクリューボール、カーブもスライダーも何でも投げるが、一番印象に残るのがストレートだと意識させる投球術、これこそが山本投手が581試合登板、219勝した要因だったように思う。

私が現役でプレーしていた時に同じグラウンドにいた選手がこれでいなくなった。それにしても32年間の選手生活、本当に幸せだったと思う。このように満足な終わり方が出来る選手は本当に少ししかいない。

次に凄い選手で、素晴らしい成績を残した選手が、辞める時期を迷っているのを多く目にする。私から見ると少し時期が遅いかな？　という気がしないでもない。最近の選手の身の引き方を見ているとこのような形が多いのかな？　という感じがする。福岡ソフトバンクの松中信彦選手、彼は1997年ダイエー時代に入団、球団には2005年から福岡ソフトバンクになり潤沢な資金に恵まれて、王貞治監督を迎えて黄金時代を作る準備に入った。

松中選手も2000年から130試合に出場3割、30本塁打、100打点を超える活躍を見せて2004年には三冠王を獲得する活躍でパ・リーグを代表する打者に成長したが、2010年頃からケガに見舞われ、思うような野球が出来なくなってきて2013年には9試合の出場という年を経験した。私にはここが彼の限界だったように思う。2015年のシーズンも若い選手の成長もあり、わずか9試合の出場しかなく、ソフトバンクで返り咲くことは難しく、身を引くのかな？　と思っていたが、他チームでもう一度トライしたいと希望しているが、獲得に動く球団があるかな？　と心配をしてしまう。

なかなか辞める時期は難しい。

打撃ゲージの中でこれ以上出せないというほどに力いっぱいバットを振っていた姿がいまでも思い出せる小笠原道大選手、初めてキャンプで見た時にまさかこの選手が2番打者とは思わなかった。いまではヤクルトの川端慎吾選手始め、何人かはバントをしない2番打者ということをいわれる打者がいるが、当時は2番打者という打順はバントが出来て、右打ちが上手い選手が選ばれていた時代だけに斬新なアイデアを望んだチームに現れた選手でした。

思いっきりバットを振る姿は見ている人を惹きつけるだけのものがあり、その後、日本ハムの3番打者として活躍、巨人軍に移籍して優勝に貢献。その間、彼のスイングはまったく変化なく、気持ちのいっぱい詰まったスイングを見せてくれた。ただ、2000本を超えた頃から少しずつケガに悩まされて、中日に移籍、今シーズンでユニフォームを脱ぐ決心をした。もったいなかったというのが正直な気持ちでケガさえなければ楽に2500本は打てた選手だった。

最年長で2000本のヒットを記録した中日の和田一浩選手、1997年新人の当たり年に入団、この年プロ野球に入団したのは小笠原（中日）、森野将彦（中日）、谷佳知（オリックス）、井口資仁（ロッテ）、関本賢太郎（阪神）、松中（ソフトバンク）、黒田博樹（広島）、鈴木尚広（巨人）、小山伸一郎（楽天）今季でユニフォームを脱ぐ選手が多いが、19年間の現役生活を過ごすということはプロ野球選手の平均寿命を7年から9年、10年が難しい世界ということを考えると素晴らしい選手が集まった年といえる。

和田選手は西武に入団、入団当初はなかなか出場機会に恵まれなかったが徐々に力を発揮、中心選手に成長、30歳を過ぎてから本格的に活躍、ＦＡの機会に地元（岐阜が出身地）である中日に移籍すぐにチームの顔になる活躍を見せてファンを惹きつけた。この選手の姿を見ると本当に努力の大切さを教えてくれる選手でした。

西武時代に、キャンプでマシン相手に距離を縮め、打つポイントをギリギリまで引きつけて、黙々と練習している姿が忘れられない。

本当に努力に努力を積み重ねて自分の打撃の形を作った選手だと思う。まだ代打でなら活躍出来るだけの力はあると思う。次世代のチームを作るという球団と谷繁元信監督の方針でユニフォームを脱ぐ決心をしたのだと思う。

多くの思い出に残る引退選手がいたが、今回はこの4人に絞って話した。山本投手はやはり50歳ということ、そして小笠原選手と和田選手を取り上げたのは本当に練習の大切さを見せてくれた2人だったこともあるが、2人とも捕手として入団して内野手、外野手に変わったという私と同じ道を通ったことが、共感するところがあったので書いてみたいと思った。そして松中選手はスター選手の引き際の難しさを考えてみたのである。

2015年11月12日

30 自分の特性を作る

往年のスター田淵幸一選手、張本勲選手、福本豊選手のような華がほしい

開幕が近づくと「ペナントレースの優勝予想をお願いします」「タイトルは誰が獲得するでしょう」そんなアンケートを頼まれる時期が来る。

さあ、今年は誰が喜びを手に入れるのか？　優勝のタイトルをどこのチームが獲得するか？　本塁打王、首位打者、打点王、盗塁王、最多安打、打者でいうとこのようなタイトルは魅力あるところだ。

野球の華はやはり本塁打で、このタイトルを獲得出来る打者は限られた打者になることが多く、それだけの資質と才能に恵まれた打者が獲得してきたタイトルと言えるだろう。

我々が入団した頃はよく言われた「打球の飛距離は天性のもので、いくら努力しても補えるものではない」という言葉を言われて、確かにそうだよね〜と納得しなくてはいけないことが多かったと思うが、いまの時代、この言葉は当てはまらない。

素晴らしいトレーニングシステム生み出されて、どの球場にも素晴らしいトレーニング場が

作られて、素晴らしい理論が開発され、正しいトレーニングを積み重ねることにより打球の「飛距離」は間違いなく伸びることが実証されている。ということは才能だけではない部分が開発されたということである。もちろん生まれ持っての才能を持っている選手はその部分を十分に活かすことにより他の選手より有利ということは当然言える。

我々の時代ならば阪神、西武で活躍した田淵幸一選手は素晴らしい放物線を描いた本塁打を何度も見せてくれた。その度に「凄いね〜」と感心せざるをえなかった。彼のような、見るからに「本塁打」という美しい本塁打を打てる選手はそう何人もいないと思う。そして次に「首位打者」というタイトルを獲得する選手たちを見てみると、ここは努力の跡がはっきりと見える選手が多く、「才能ですね」というよりは「よく研究してますね」「素晴らしい精神力の持ち主ですね」という選手が多いと思う。

なかには「才能」を感じさせる選手もいるが少ないと思う。ここは代々「努力の人」が多いと思う。何度もタイトルに輝いた張本勲選手を見ていると才能はもちろんのこと、本当に打撃の工夫が見えることが多く、何度も首位打者のタイトルを取る秘訣が隠されていると思う。

次が打点王だが、これはやはり本塁打を量産する選手が有利であるが、本当の争いになると経験という部分が大きく影響すると思う。いかにして相手投手を研究するか、その時その時の打撃に集中するテクニック、これは相手を十分に研究して、自分の打撃を知った上で発揮される勝負強さではないだろうか。「何とかしなくては」という思いでは出来ない世界である。

その積み重ねがタイトルを獲得する近道だろう。「最多安打」リーグで一番多くの安打を記録した選手ということである。多くの野球ファンの方は打者が3割を記録するとその選手は「満足」していると思われるだろうが、そんなことはないのである。残りの7割は失敗しているということが悔しいのである。

それを知っている選手が初めて3割を打てると言っても間違っていないだろう。打者は打席に立つたびにヒットを「打ちたい」と願っている。だからシーズンが終わってリーグで一番ヒットを記録した選手だということは嬉しい限りだ。やる以上は負けたくない、その気持ちで戦ってきて一番になったのだから、このタイトルも一度は取りたいタイトルだ。

そして地味な部門かもしれないが「盗塁王」のタイトル、これも本塁打と同じように、盗塁が好きな人、足の速い人、まずこのことが絶対の条件です。野球の中では目立たない部分に入りますが、1個の盗塁が1点を生むことはよくあることで、特に日本の野球には欠かせない戦術と思います。

ただ最近はあまりこの部門が好きな選手が現れてこないのが少し寂しいと思う。福本豊選手のような数字までは無理としても、盗塁王を争う場合少なくても50個、出来れば60個の数字で争ってほしいものです。

足の速い選手は各チームにいるのだから頑張ってほしいと思う。監督もその選手の華と特色を十分に活かした采配をファンに見せてほしい。

打者のタイトルを書いたのですから、投手のタイトルも書いてみたいと思う。ただ投手としてやっていないから、多少ズレが出るかもしれない。日本では一番評価されるのが「最多勝」だ。これには少し注文があり、15勝したら6敗までの負け数で終わってほしい。15勝15敗では値打ちがないというのが私の見方だ。この部門でタイトルを取る投手には試合での最後の最後まで勝利への執念を燃やす投手になってほしい。最多勝とはチームの顔としてマウンドに上がる投手が手にするタイトルと思う。

次が最優秀防御率、これは投手としては本当に評価してほしいところだろう。試合が始まり終わるまでに自分の力を試合の中で十分に出すことによって、自然と記録される数字で、時として味方の打線の援護がなくても力を持っている証明が出来る部門と思う。最多勝とはまた違う投手像が見える。次が最多奪三振部門は投手のこだわりの部門と思う。

投手を目指した以上みんな気持ちのいい「三振」を取りたいと思うのは当然だと思う。あとはどうしてそれを実現するか？　どのボールで三振を取るか？　決め球を作ることの重要性、カウントを取るための工夫、ファウルを打たす工夫、この部門も打者の本塁打と同じように才能と工夫が必要な部門だろう。「野球の華」は本塁打と三振ですから共通しているのだろう。投手の詳しい部分はまたの機会にもう少し書いてみたいと思う。

もう一つ投手のことでセ・リーグ、パ・リーグで少し違いがあることを覚えてほしいのが、実は「死球」の数。私はよくセとパでは野球が少し違うと話すが、セは駆け引き重視で、パは力勝負、このことを表しているような数字が死球の数字に表れているように感じる。

パ・リーグは、福岡ソフトバンクのチーム全体の死球が51個、個人では中田賢一の9個が最多。北海道日本ハムが58個、左腕の吉川光夫が11個。千葉ロッテが54個、涌井秀章の8個。西武は70個とパでは最多の数だ。個人は牧田和久の11個。オリックスが50個、バリントンの8個。東北楽天が最少で49個、レイの7個という数字が出てきた。

そして、セ・リーグは、東京ヤクルトが48個、秋吉亮の6個。巨人が39個、高木勇人、ポレダの8個。阪神の44個、藤浪晋太郎の11個。広島が35個で黒田博樹の7個。中日は41個、田島慎二が6個。ＤｅＮＡは一番少なく29個という数字は新監督のラミレス監督が「内角を攻めろ」というのが理解出来る数字だ。

セ・リーグは２３６個、パ・リーグが３３２個という数字が私のいう野球の違いを少し表している。

今回はなぜこんなテーマを選んだかというと最近の投手、野手ともに「この選手はこんな選手だ」という個性を持った選手が少なくなってきたという思いが強く、それぞれの部門にあった選手が出てきてほしいという願いが今回のテーマを選ばしたということになった。

２０１６年３月12日

31 ドラ1 広島、ヤクルト、楽天、ソフトバンク
いまここにいなければいけないと思う選手が残念だが少ない

「ドラフト1位」この言葉は大変重い言葉として私は受け止めている。全国の野球少年が憧れてくれるフレーズとして感じてほしいと思う。プロ野球を目指している多くの選手の中からわずか12名だけが名乗ることが出来る名称である。

12球団の担当スカウトが練習から試合まで多くの時間をかけてこの選手の将来性を重点に選手をチェックして球団に進言、その選手をフロント・オフィスのすべての人が意見を出し合い、実際にあらゆる角度から選手を調べて、多くの時間をかけて選手を観察して、その選手の中に眠る才能を評価して初めて球団の決定を出すのである。

その評価は日本プロ野球12球団の評価と言ってもいい特別な選手だということである。

何年に一人飛び抜けた才能を見せて活躍してドラフトを迎え、何球団かの競合になる選手が出て、隠れ1位という声が聞こえる選手もいるが、これも2巡目では獲得出来ないから1位なのである。特別な選手がいなければ当然1位の評価を受けている選手である。

そのようにして選ばれた12人の選手であるから、当然才能に恵まれていることは間違いない。12球団のお墨付きだと言ってもいい選手であるのだから、アマチュア時代に高校野球、大学野球、社会人野球で大活躍して多くのファンを喜ばせ、プロ入りに関しても学校や地域のファン

の大きな期待を背負っての入団である。

当然球団は立派な一流選手に育てることにより、その選手の周りのファンを獲得し、球場に足を運んでくれることにつながる。だからプロ野球発展のために育てる責任が球団にはあると私は思う。確かに頑張るのは選手個人であり、球団は監督、コーチを通してその手助けをすることしか出来ないが、選手はプロ野球というものをまだしっかりと理解していないということを育てる側が自覚してかかるべきだと思う。

私の時代にはなかったドラフトだから、なおさらそんな目で見るのかもしれないが、見事に花を咲かせてくれる選手が少ない点がどうしても気になる。各球団のフロントの人たちはこの事実をどのように見ているのか普段から気にしているのだが、丁度雑誌にこの関連の記事が載っていたので見てみると想像どおり、大きな花を咲かせてくれた選手が少なすぎる。

あれだけ期待されて入団した選手なのに、ひと時代前、国際連合の女性地位委員会でも使われた言葉で、日本では昔から言われている「もったいない」と重なる。

12球団の10年間の選手を見てみると、チームを背負っている選手、チームの顔として頑張っている選手、当然ここにいなければいけないと思う選手が、残念だが少ない。

まず多くの方が育成には大きな評価をしている広島。「衣笠さん、広島はなぜ選手を育てるのが上手なのですか？」という質問を受けることがあるのだが、そんな時に「広島には頑張れば出られる場所があるからですね」と、いつも話している。練習で技術的に上手になり、その技術を試合で出せるようになるには試合での経験が必要になる。その点で見ると、広島には若手が頑張って練習して上手くなると試合に出るチャンスがあるということである。

その広島から各年度の1位指名入団選手を見てみたいのだがどうだろうか？

２００６年　鈴木将光選手　（高校生）外れ１位
２００７年　宮崎充登選手　（大学）希望枠
２００７年　前田健太選手　（高校生）
２００８年　篠田純平選手　（大学）外れ１位
２００８年　安部友裕選手　（高校生）外れ１位
２００９年　岩本貴裕選手　（大学）
２０１０年　今村猛選手　（高校生）
２０１１年　福井優也選手　（大学）
２０１２年　野村祐輔選手　（大学）
２０１３年　高橋大樹選手　（高校生）外れ１位
２０１４年　大瀬良大地選手　（大学）
２０１５年　野間峻祥選手　（大学）外れ１位

12人の１位選手が入団してきて、いま現在球団の中心選手として評価出来るのが前田健太投手が合格点、福井、野村投手が1位としてはいま一歩というところで、これからの活躍を期待したいところ、今村、大瀬良が次に続くか？　というところだろう。広島に関して言えばドラフト1位を外していることが多く、「外れ1位」で入団している選手が多いのが目につくのが気になる。

2015年にリーグ優勝した東京ヤクルトはどんな選手を獲得して若返りを図ったかを見てみる。

2006年	武内晋一選手	（大学）	希望枠
2006年	村中恭兵選手	（高校生）	
2007年	高市俊選手	（大学）	希望枠
2007年	増渕竜義選手	（高校生）	
2008年	加藤幹典選手	（大学）	
2008年	由規選手	（高校生）	
2009年	赤川克紀選手	（高校生）	
2010年	中沢雅人選手	（社会人）	外れ1位
2011年	山田哲人選手	（高校生）	外れ1位
2012年	川上竜平選手	（高校生）	外れ1位

２０１３年　石山泰稚選手　（社会人）　外れ１位
２０１４年　杉浦稔大　（大学）　外れ１位
２０１５年　竹下真吾選手　（社会人）　外れ１位

ドラフトの成果をみるとスカウトの期待に応えていない。山田選手が今年ブレイクして、石山投手、杉浦投手というところが出てきそうなところだが、全体としては物足りない感が出てしまうと思う。村中、増渕、由規、赤川という高校生をもう少し大切に育ててほしかったというところがある。

ここで新規参入の東北楽天を見てみたいと思う。新しい球団だけに人を育てなくては未来は開けないという観点でいると思うだけにどんな結果を残しているか？

２００６年　松崎伸吾選手　（大学）
２００６年　片山博視　（高校生）
２００７年　永井怜選手　（大学）
２００７年　田中将大選手　（高校生）
２００８年　長谷部康平選手　（大学）
２００８年　寺田龍平選手　（高校生）
２００９年　藤原紘通選手　（社会人）

２０１０年　戸村健次選手　（大学）
２０１１年　塩見貴洋選手　（大学）
２０１２年　武藤好貴選手　（社会人）
２０１３年　森雄大選手　（高校生）
２０１４年　松井裕樹選手　（高校生）
２０１５年　安楽智大選手　（高校生）

野球の軸は投手ということを表しているドラフトで、ここまで全員投手を1位に指名してきている。田中投手がアメリカに行ったのが痛いが、則本投手が良く頑張り、近年入団してきた松井、安楽投手は先が見えてきそうで、森投手が頑張ればまずまずというところか？　今後の問題は野手をドラフトで獲得してどうして育てるか？　というところで星野仙一球団副会長がどんな手腕を見せるか、まだまだ新しい球団なのでドラフトもこれからというところ。

もう一つパ・リーグ球団を見たいのが日本一に輝いたソフトバンク、ここのドラフトを覗いてみる。

２００６年　松田宣浩選手　（大学）　希望枠
２００６年　荒川雄太選手　（高校生）　外れ1位
２００７年　大隣憲司選手　（大学）　希望枠

２００７年　福田秀平選手（高校生）外れ１位
２００８年　大場翔太選手（大学）
２００８年　岩嵜翔選手（高校生）外れ１位
２００９年　巽真悟選手（大学）外れ１位
２０１０年　今宮健太選手（高校性）
２０１１年　山下斐紹選手（高校生）外れ１位
２０１２年　武田翔太選手（高校生）
２０１３年　東浜巨（大学）
２０１４年　加治屋蓮選手（社会人）外れ１位
２０１５年　松本裕樹選手（高校生）

今季初めて30本の大台を超える本塁打を記録した松田選手をはじめ大隣投手、武田投手がドラ１としての評価を受ける可能性を持っている。このチームのドラフトでは私は今宮選手の育成にこのチームの教育を評価している。今宮選手が入団した時の遊撃手の川崎宗則選手がアメリカに対して憧れを抱いているということを計算して、投手であった今宮選手を入団と同時に遊撃手として育成方針を実施、打率はイマイチだけれども守備では本当にチームに貢献出来る選手に成長した点は素晴らしい。ただ全体としてはここも物足りない。

２０１６年１月12日

32 ドラ1 巨人、阪神

飛び抜けた「打力」で勝つのか、投手陣を中心とした「守備」で勝つのか？

新人にとって最も厳しいと思う巨人軍、このチームは新人であれ結果が残らないとすぐにそのポジションに外国人選手、または他球団の有力選手を獲得してしまう厳しい球団である。選手が成長する時間を待ってくれないところに毎年「優勝」という宿命を背負っている球団の姿が見える。それだけに新人にも結果を求められるチームである。

2006年	福田聡志選手	（大学）	希望枠
2006年	辻内崇伸選手	（高校生）	
2007年	金刃憲人選手	（大学）	希望枠
2007年	坂本勇人選手	（高校生）	外れ1位
2008年	村田透選手	（大学）	外れ1位
2008年	藤村大介	（高校生）	外れ1位
2009年	大田泰示選手	（高校生）	
2010年	長野久義選手	（社会人）	
2011年	沢村拓一選手	（大学）	
2012年	松本竜也選手	（高校生）	外れ1位

2013年　　菅野智之選手　（大学）
2014年　　小林誠司選手　（大学）　外れ1位
2015年　　岡本和真選手　（高校生）

ここの中で昔から言われるように先輩の故障離脱中にチャンスを掴んだのが坂本選手。長野選手は入団してすぐに結果を出し、今日に至っている。菅野投手がどこまで行くか？　真のドラ1エースになるか？　ここ何年もの課題である阿部慎之助捕手の後釜の捕手に小林誠司捕手を育てられるか？　若い岡本選手が巨人軍の顔になって活躍をしてくれるか？　すべてこれからだ。

一方、阪神はどうか？　人気球団だけに新人の時から多くのファンの目線に晒されて緊張しながらのスタートがやはり影響しているのだろうか？

2006年　　岩田稔選手　（大学）　希望枠
2006年　　鶴直人選手　（高校生）
2007年　　小嶋達也選手　（大学）　希望枠
2007年　　野原将志選手　（高校生）
2008年　　白仁田寛和選手（大学）　外れ1位
2008年　　高浜卓也選手　（高校生）

2009年　　萧一傑選手　（大学）　外れ1位
2010年　　二神一人選手　（大学）
2011年　　榎田大樹選手　（社会人）
2012年　　伊藤隼太選手　（大学）
2013年　　藤浪晋太郎選手　（高校生）
2014年　　岩貞祐太選手　（大学）　外れ1位
2015年　　横山雄哉選手　（社会人）

いまプロ野球の1球団で支配下登録出来る選手は70名ということで、この約半分はどこの球団も投手が占めていると思う。野手に比べて故障が多いことと、1試合で使わなくてはならない人数の問題でこのようになっていると思うのだが、球団によっては将来を睨んで野手のドラ1も必要と思う。

この比率を見てみると、東京ヤクルトがこの10年で13名の選手のうち投手10名、野手3名。巨人が13名中、投手7名、野手6名、これは投手陣が安定していたということを証明していると思う。

阪神が13名、投手10名、野手3名。広島が12名、投手7名、野手5名。
中日が13名、投手8名、野手5名。DeNAは13名で投手9名、野手4名という数字が残っているが、ここで問題なのは外れ1位の選手が野手ということが時々あることかな？

パ・リーグは福岡ソフトバンクが13名で投手8名、野手5名。北海道日本ハムが投手8名、野手5名。

千葉ロッテ11名で投手8名、野手3名、埼玉西武12名で投手10名、野手2名。オリックス13名、投手9名、野手4名。楽天13名全員が投手ということで自前の投手を育てようと努力していると思う。

こうして書いてみると、育成がいかに難しいかがよく見えると思うが、私が心配するのはこれから少子化が進み、他のスポーツもプロ化が進み、才能のある若い人が昔と違い野球というスポーツだけに集まるということが難しくなると思うだけに、本当はドラフトにかかった選手が全員成功してほしいのだが、特に評価の高い「ドラ1」には何としても成功してもらわなくては困る。

アメリカでも国内では野球を志す若い選手が少なくなってきている。ただ、アメリカにはアメリカンドリームを夢見る、若く、才能に溢れた中南米の選手がやってくるだけに人材難に陥る心配はないだろう、でも日本にはこのような供給源がないだけに心配だ。

どの球団も目標は「優勝」すること。だとすれば、飛び抜けた「打力」で勝つのか、投手陣を中心とした「守備」で勝つのか、野球の勝ち方は二通りあると思うが、安定して何年も勝つには「守備」で勝つことが求められると私は思う。

野球のゲームは試合が終了した時に相手よりも1点上回っていると勝利ということになるだけに、10点取っても11点とられると「敗戦」ということになる。1点しか取れなくても守備で守りきって0点に抑えれば「勝利」を手にすることが出来る。ここが野球の原点で、試合は成り立っているだけにグラウンドの指揮官がどのような構想を持っているかによってチームが変わるということになる。

そこで問題になるのが選手の育成でどのような役割をするのか教育の最初から教える必要がある。特に中心選手にはここを理解してもらわないと強いチームは出来ない。

このオフに新聞やテレビで大活躍した2016年のドラ1選手が今年本番のグラウンドでどんな活躍を見せてくれるか、楽しみにしながらキャンプからじっくりと追いかけてみたい。

2016年1月12日

33 優勝の鍵 パ・リーグ

昔には考えられなかったことが起きている。困った現象だ

今年も始まった。プロ野球のキャンプ、今年はこのチームはどうかな、どんな戦いを見せてくれるのか、また戦力的に他チームと比べて見劣りはしないのかなど、多くの目線でキャンプ地を見て回るのですが、私の入団した頃の目線といまの目線で一番大きな違いは「外国人選

手」ではないだろうか。私の頃の外国人選手は、どちらかというと「模範」「参考」「お手本」という感じに捉えられていることが多く、当然チームとしては「戦力」として獲得してきているのだけれども、そんなもう一つの大きな目的があったように思う。

では、いまはどうだろうか？

メジャー経験選手、経験のない選手と、さまざまな経歴の選手をスカウトが連れてくる。実績もさまざまで、過去にタイトルを獲得した選手もいれば、まったくの無名選手もいる。大切なのは経験ではなく、日本に何を残してくれるかであろう。

そんな目線で外国人選手を見てきたが、球団の目的はただ一つ。「戦力」、チームのためにどこまで働いてくれるのか、目線はここだけのような気がする。当然彼らもそのつもりだろうから、そこに何にもわだかまりはないのだけれど、大きな時代の流れを感じてしまう。

そうすると、今年も優秀な外国人選手を獲得した球団が上位に来るという図式が出来てくるのだが、どこの球団の外国人選手が自分の力を余すことなく発揮するか、彼らはみんな素晴らしい力を持っている。だから日本のスカウトの目に止まったのだ。問題はその力をどのようにして出すのか、その方法を見つけ出すことが出来るか、力があっても出せなければ何にもならないのだから、あとは方法論の問題のようだ。

この問題を考える時に私がいつも心配するのは、球団としては若い才能豊かな中心選手を育てるのには時間がかかるということである。球団も、監督、コーチも、そしてファンも待つことを要求され、比較的早く完成させることが出来るのが1番、2番打者であろう。ところが、3、4、5番を任せたい打者を育てるのは時間が倍かかってしまう。

どうしても大きくバットを振るため、そのぶん荒っぽく見え、打率も悪い。遠くに飛ばし、かつある程度の打率を残せるようになるまで時間がかかる。その間待たなくてはいけないもどかしさを感じてしまう。そこを外国人選手で埋めてしまえば待たなくてもいいわけで、最近の日本の野球界はこの傾向が強く、チームの中心打者、試合を決める抑え投手を各球団は特に力を入れて補強している。

その弊害は国際試合を行う時に出て、頭を悩ましてしまう。「全日本メンバー」を組む時に3、4、5番を誰にすればいいのか？　抑えの投手に誰を持ってくるのか？　選ばれた監督、コーチは悩みの種となっている。普段チームでその役割をしているのが外国人選手だから、日本人選手だけでメンバーを組んだ時に悩まなければいけなくなる。昔には考えられなかったことがいまは起きているのである。困った現象だ。

昨年のプレミア12で少し嬉しい出来事があったのは「4番候補」に筒香嘉智選手、中田翔選手という入団時から期待されていた選手がその役割を果たせるところまで伸びてきたことだった。中心が決まれば日本チームはその脇を固める選手は多くいる。もともと器用な選手が多いから、チームとしての形を作るのにそんなに時間はかからない。敗れはしたものの、昨年の収穫はここにあったと思う。

と言いつつ、今年のペナントレースに話を戻すと、強力な外国人選手を持っている球団となると、パ・リーグではやはり一番はソフトバンクということになりそうだ。昨年9勝0敗という成績を残したバンデンハーク投手、抑えで大活躍し、41セーブを記録したサファテ投手が今年も相手チームを苦しめるだろう。打者はカニザレス選手がどこまで頑張れるか、ここは未知数だが、強力な投手陣を持っていると思う。

そして千葉ロッテがスタンリッジ投手を獲得、ナバーロ選手を獲得してかなり強力な外国人選手が集まったとみていましたが、ナバーロ選手が〝ミス〟を犯して前半戦の出場が制限されることになり、デスパイネ選手に頼らざるを得ない。ナバーロ選手が戻ってくれれば、強力な打線になるだろう。

次がオリックスのディクソン投手、ブランコ選手を持っているところに、2人の打者とコーディエ投手を補強、外国人枠の関係で競争が激しくなり、のんびり屋のブランコ選手が発揮してくれるかもしれない。その次が西武の外国人選手だ。1年目に途中から参加して本塁打王になって、昨年は甘く見たために痛い思いを経験したメヒア選手が今年はどんな活躍を見せてくれるのか、力はあるだけに期待したい選手だ。投手のC・C・リーはリリーフ、バンヘッケン投手は先発に入る予定で、ここがうまくいけば大きな戦力になるだろう。

北海道日本ハムのメンドーサ投手、新たに来たバース投手、マーティン投手はどうだろうか？　アメリカでキャンプをしたので見る機会がなくこれから見たいと思う。

打者のレアード選手は昨年の34本塁打を上回る活躍が出来るのか、出来ないかのか、ここがポイントだろう。大いに中田選手を刺激してほしい選手だ。そして7人の外国人選手を持っている東北楽天だが、いまのところ、テスト期間として梨田昌孝監督は見ているようだ。「この選手だ」と決める時期ではないように見えた。こうして見てみると、外国人選手で大きく順位が変わる可能性があるのが千葉ロッテ、埼玉西武、オリックス。チームの力で戦いそうなのが福岡ソフトバンク、北海道日本ハム、東北楽天というところだろう。

2016年2月29日

34 優勝の鍵 セ・リーグ

外国人選手の働きがチームの順位に大きな影響を与えているな

続いて、セ・リーグのチームの外国人選手を見ていくと、一番大きな影響を受けそうなのが巨人。そして広島、今年はDeNAも、阪神も、中日も、その傾向が見られた。ということは、セ・リーグのチームはみんな外国人選手がカギを握っている状況だ。少し寂しい気持ちになったが、唯一、東京ヤクルトが抑えとして大活躍をし、アメリカにUターンしたバーネット投手の41セーブを誰がカバーするか、大きな問題になってくる。打線ではバレンティン選手がケガから復帰してどこまで長打を見せるか、誰がチームに貢献するかが見どころだが、優勝の行方は投手力で決まるような気がする。

まず巨人の選手を考えてみると、ギャレット選手が打つことにより他の選手が良い影響を受けて打線に勢いがつくように感じる。昨年はこの火付け役のような選手が現れず、1年間打線は本当に寂しいままに終わった。打線というものは誰かが火をつけると周りに影響を与えるもので、一気に元気になるはず。その役目をギャレット選手が出来るか？　良いニュースではないが、これまで巨人に来た外国人打者で1年目に3割を記録したのは2013年、いまDeNAにいるロペス選手だけ。素晴らしい日本通算成績を残したクロマティ選手も、ホワイト選手も記録していない。ギャレット選手が2人目になれるのか、投手陣では当然ポレダ、マイコラス投手が昨年と同じように頑張ってくれないと順位は上がらないだろうな〜。

いまの時期に考えられるローテーションの中心は、菅野智之とポレダ、マイコラスであろう。チーム全体で9人もの外国人選手を抱えているが、常時4人しか使えない。

阪神も外国人選手が気になっている。投手陣の中心にいるメッセンジャー投手が今年も不振だったら大ごとだね。藤浪晋太郎投手に一番刺激を与えられる投手だから、頑張ってもらわなければならない。そしてゴメス選手がどこまで力を出せるか、その刺激でヘイグ、ペレス選手がどこまで頑張るか、影響が出るだろう。投手陣の一番大きな問題は抑えの役割をマテオ投手が出来るか、藤川球児投手を先発に使うという方針を変えて、抑えにすることになるのか？　マテオ投手だろう。

そして広島も外国人選手の働きで順位が大きく変わるシーズンになるだろう。打線が弱い、弱いと言われていたところに中日を退団したルナ選手を獲得、これは大きな補強だった。

三塁手が決まらないチームがこれで決まった。もう一人新しく来たプライディ選手がクセのない打ち方を見せていて、エルドレッド選手と競い合うという形になりそうで楽しみ。

ただ、長打ということを考えると、エルドレッド選手の一振りで試合の雰囲気を一気に変えるという力を持っているだけに難しい選択になりそう。投手は今年ももちろんジョンソン投手に頑張ってもらわなければローテーションは回らない。新加入のジャクソン投手が中継ぎでどこまで出来るか？　ここも気になる。おそらく投手2、打者2の使い方でいくだけに、緒方監督の判断が見ものだ。

中日も見せてもらったのだが、すっかり若返って、このチームでいま、相手投手が怖がるのは誰だろう、と考えるとそれに当たる選手が少なくなった。昨年本塁打をチームで最高に記録したのが平田良介選手の13本だから相手投手はあまり本塁打を気にしなくても良かったように感じる。

そんなチームにビシエド選手が加入した。打ち方から見ると当たれば飛びそうで、この選手の長打がチームを刺激するか？　まだ優勝というにはもう少し材料が欲しいというところですが、しっかりとした土台作りの1年にしてほしいチームだ。ただ、2年連続最下位にいた東京ヤクルトが昨年優勝したこともあるから、いまのセ・リーグはどこが勝つか分からない。

ＤｅＮＡを見ると、まず監督が外国人監督になり、この監督がこのチームをどう動かすか？ここから見る必要があるかな。選手としては新加入のロマック選手が三塁に入り、打線の３番にはいるか？　５番を務めるのか？　６番になるか？　どこに落ち着くかというところが全体を見る時に気になるところだが、むしろ、モスコーソ投手、エレラ投手、ペトリック投手をどう使うのか？　監督の腕の見せどころだ。ロペス選手は安定しているので頑張るだろう。

今年のセ・リーグは考えれば考えるほど「どこが本命か？」ということになるが……。だから考えていくと、どうも外国人選手の働きがチームの順位に大きな影響を与えるな、という結論になった。この時期は外国人選手の本当の力はまだ見せてない。彼らは４月に合わせて、もしくは６月に合わせて調整することに慣れている。キャンプから全力でという考えはなく、シーズン全体を考えて調整する選手が多いということを考えると４月に彼らを見るのを楽しみにしている。

２０１６年２月29日

35 ４番バッター

ジャパンの４番バッターがなかなか育たなかった原因を考えてみた

ようやく、４番バッターらしいスラッガーが育ってきた。私の言う４番らしいバッターとは、

「今日はこの人が打てなかったから負けました」とチームとファンが認める存在であり、一発の魅力を秘めた選手のことだ。近年、チームの勝敗を握り、かつホームランの打てる日本人スラッガーがいないな〜〜と嘆いていたが、ようやく、北海道日本ハムファイターズの中田翔、DeNAベイスターズの筒香嘉智が4番に育ちつつある。中田と筒香、この右と左の両ホームランバッターが順調に育ってくれることを祈りばかりである。

さて、4番バッターがなかなか育たなかった原因を私なりに考えてみた。外国人選手に頼りすぎていたからではないだろうか。現場の監督たちは「育っていないから、外国人選手に頼らざるを得ないんだ」と反論するかもしれないが、4番がいない打線に外国人選手をはめ込むだけでは、日本人の4番バッターは育たない。いま、外国人選手に頼りきってしまうチームも多くないだろうか。

今年、新たにジャイアンツの監督に就任した高橋由伸はギャレットを4番に入れて開幕戦を迎えた。本来なら、その打線の中核を担うべきは阿部慎之助であり、その阿部が故障でチームを離脱し、若い岡本和真や大田泰示が実戦で4番の重圧を経験させるまでに育っていない以上、やむを得ない措置だったと思う。そのギャレットを4番に入れた巨人打線を見て、こうも思った。

「そうか、長打力のある外国人選手は4番でもいいんだ」

ギャレットのようなタイプの選手は、メジャーリーグでも4番だ。結局、打率が2割3分台でも、ホームランを40本打ってくれればいい。

そういうタイプは、アメリカでは4番なのだ。しかし、日本のプロ野球界ではそうはいかない。やっぱり、40本近いホームランを打つ可能性があって、かつ打率も2割8分くらい残してもらわないと困る。つまり、日本の野球界の4番バッターとは、チャンスに強く、それでいて長打力もなければならない。これに対し、アメリカの場合は「3番バッターが最強」という定理があり、4番バッターは長打力。長打力というと、日本だと5番バッターがイメージされるが、アメリカは違う。

日本は4番で打点が稼げなければ、5番バッターでという打順を構成する。日本は4番バッターが中心であり、仮に2アウトから3番バッターが出塁したら、盗塁を決めて得点圏の二塁まで進んでもらい、4番バッターのヒットで得点するという野球をやる。

アメリカにはそういう発想はない。メジャーリーグでは3番バッターがホームランを打てなかったら、「仕方ない」とファンは思い、次の4番バッターにホームランを打ってもらえばいいんだと考える。

3番バッターを中心に打順が構成されており、4番バッターはそのサポート役と認識されている。

アメリカが最強バッターを3番に入れる理由だが、試合開始の1イニング目の攻撃で、1、2番がアウトになったとしても、打席がまわってくる。1イニング目の攻撃でお客さんに見せるという発想があり、これはテレビ中継の影響のようだ。野球中継はショーなのである。

伝説のホームランバッター、ベーブ・ルースも3番だった。これがアメリカの野球の歴史であり、テレビ中継と共存し、今日も人気スポーツとして支持されている理由だと思う。

打順の日米間の相違についてもっと言えば、大きく異なるのは2番バッターに対する解釈だ。1番バッターは俊足で出塁率の高い選手、2番バッターは犠打、もしくは走者を進める右方向へのバッティングが求められる。要するに器用な選手が2番に組み込まれていた。犠打数で世界記録を達成した川相昌弘（現巨人三軍監督）がそうだろう。

今年、DeNAのラミレス監督が、打率3割以上が期待出来る梶谷隆幸を2番に置く構想を語っていた。

こちらは梶谷の故障によって序盤戦は違う打順が組まれたが、日本流の2番バッターの解釈ではなく、長打力のあるバッターを置くアメリカ流も日本のプロ野球界に浸透してきたようだ。

1990年代、日本ハムは長打力のある小笠原道大を2番に置く攻撃的な打順を編成していた。古くは西鉄ライオンズがホームランも打てる豊田泰光さんを2番に入れていた。豊田さんは器用なバッターでもあったので、実際にバントを決めることもあったが、多くの打席ではバットを長く持ち、思いっきり振り回していた。

今後、2番に長打力のある選手を入れる攻撃的な打線はもっと増えていくだろう。この部分ではメジャーリーグの野球スタイルに近づいていくと思う。また、1番バッターが出塁したら、2番バッターにも「打て」のサインが送られる野球スタイルが増えていくだろう。なぜかというと、これまでの野球は一試合で3点くらい挙げれば勝てた。

しかしいまは、5失点は覚悟しなければならない野球になった。だから、2番バッターにバントをさせて1点を取っても追い付かないので、大量得点を狙える状況にしていかなければならない。

かつては1番バッターが四球を選んで、盗塁を決めて2番が送って、右方向に打球を転がして1点を取るスタイルだった。

言い方を変えれば、これがアメリカ人よりも体力のない日本人が考えた野球だった。腕力のあるアメリカ人は「ホームランを打てばいい」と考えただろうし、四球から始まるノーヒットで1点を挙げる攻撃なんて考えようともしなかっただろう。

このアメリカ人より体力のない日本人が確実に出来る方法が、2番バッターのバントだった。だから、1試合で3点を挙げれば勝てるという野球スタイルが日本で確立されていった。また、子どものころからバントなどの確実性の高い野球を学んできた。もっとも、いまは打撃練習のマシンが発達し、選手たちの体つきも大きくなり、体力もついてきた。

この3失点では収まらない状況だと、いままで以上に得点を高める攻撃を考えなければならないのだ。

このアメリカスタイルに近づきつつある日本の野球は、どうなっていくのだろうか。WBC（ワールドベースボールクラシック）や国際大会で日本は優勝も経験している。短期決戦やトーナメントであれば体力よりも確実性だが、ペナントレースのような長丁場や打ち合いの試合になったら、勝てないだろう。

大谷翔平、藤浪晋太郎など190センチ以上の大きな選手も増えてきたが、アメリカの選手と比べたら、まず筋肉の量が違う。

チーム全体で見れば、アメリカは大きな選手ばかりだ。体力と筋肉で競争したらどうなるかは言わなくても分かるだろう。大雑把な言い方をすれば、野球にはパワーでガンガン打ちまくって得点し、パワーで三振の山を築き上げていくスタイルと、四球を選び、コツコツと1点を積み上げ、投手はストライクゾーンからボールになる変化球を投げて、ゴロアウトを積み重ねていく方法がある。

2番に強打者を置いて大量得点を挙げるチャンスを広げる野球も日本のプロ野球は出来るだろうが、国際大会で「このスタイルに将来性がありますか」と問われれば、私は「無い」と思う。体格差、筋肉差のあるアメリカと同じスタイルで野球をやっていたら、勝てない。

スポーツは野球に限らず、最後に辿り着くところは体の力だ。体を大きくするだけではなく、長丁場のペナントレースをケガもせずに戦い抜く体の力をどう作っていけるか、日本の野球の未来はそこを考えるべきではないだろうか。

2016年6月7日

36

4番バッターの悩み

人は上を目指すほどに、自分の姿が自分で見えなくなっていく

北海道日本ハムの中田翔選手に代打が送られた（6月27日）。「腰の状態が良くないため」と発表されたが、中田にとって、悔しい経験をしたと思う。しかし、代打を送らざるを得なかった栗山英樹監督も同じように悔しかったはずだ。

彼は監督に就任して以来、「中田を4番で育てたい、全日本チームの4番に」と、一貫して話してきた。

数字だけを見れば、その日の中田選手は埼玉西武の先発を務めた岸孝之投手に対し、3打数ノーヒット、この試合を含めた10試合を振り返ってみても、38打数4安打と振るわなかった。

私は代打を送ったことによって、中田の栗山監督に対する信頼感が変わることはないと思う。中田がヘソを曲げれば別だが、栗山監督も中田のバッターとしての素質、評価を変えることはない。

中田には、いつかあの時に代打を送られて良かったと言えるようになってもらいたい。腰痛と不振が重なって、このままズルズル行くよりも代打を送られ、気持ちをリセットさせてもらったほうがずっと良い。

中田に限らず、バッターには悩みがある。欲もある。

中田はタイミングの取り方でずっと悩んできた。でも、彼も27歳になった。バッティングに対して、そろそろ信頼できるアドバイスをしてくれる人を見つけてもいいのではないだろうか。

その人が白いものを黒と言ったら、黒に見えるくらい、信頼できる人を探すべき時期にきた。そうでなければ、良くなった、迷ったの繰り返しになってしまう。これは栗山監督や北海道日本ハムのコーチを否定しているのではない。極端な話、投手コーチに「ピッチャーの目線で、ボクはどんなふうに見えますか」と聞いてもいいのではないか？

そうした客観的な意見を一つの参考として考えてみるのも、スランプ脱出のヒントになるかもしれない。4番としての経験を積み、成績も残すにつれ、自分が求めるものも高度になっていく。人は上を目指すほどに、自分の姿が自分で見えなくなっていく。あの最強のゴルファーと讃えられたジャック・ニクラスでさえ、コーチを持ち、頼っていた。選手とは、それほど自分の姿は見えないものなのだ。

中田もそんな悩みの入り口に近づきつつあるのではないか？　誰かに「こうだ！」と言ってもらうことで、精神的にどれだけ楽になるか、中田はそういうことも考えなければならない時期に来た。

時に人に頼ることは人生において大切なことなのである。

２０１６年７月８日

第5章

力を探る、ためす

37

球春到来

「あいつが打てなかったのだから仕方がない」と思われる選手に成長してほしいな

2016年・プロ野球の開幕まで2週間を切り、高校野球が甲子園でセンバツ大会が開催される日も近づいてきた。いよいよ野球シーズン到来だ。

シーズンを迎えるにあたり、昨年から今年にかけて、嬉しかったこと、悲しかったこと、多くのニュースが私の周りを流れていったと思う。

悲しいニュースとは巨人軍の若い選手たちが「賭博行為」という、思いもしなかった事件を起こしてしまった。恐らく軽い気持ちで参加したのだろうが、以前、メジャーリーグで歴代最多の4256安打を放ったスーパースター、ピート・ローズが野球賭博に関わったとされ、永久追放に処されたことを知らなかったのだろうか。たとえ伝説のスーパースターであっても賭博行為に関われば、容赦なく処罰されるのである。巨人は他に賭博行為に関わった選手がいないかどうかを調査し、その終了が伝えられてから、新たに4人目の選手が名乗り出てきたため、また混乱するのだろう。

そしてあふれんばかりの才能をグラウンドで見せ、多くのファンを楽しませた清原和博元選手が逮捕された。野球では多くの好投手と対戦し、打ち勝ってきたが、自分との戦いには負けてしまい、新聞、テレビで連日大きなニュースとして取り上げられていた。本当に悲しかった。

そして40代のベテラン選手の多くが引退という道を選択したこと、これも時代の流れといえばそれまでだが、一度にこれほど多くの選手が消えてしまうと寂しい。

そんな悲しいニュースばかり目立ったオフシーズンだったが、嬉しいニュースもあった。「プレミア12」という新しい国際大会が企画されて、シーズン終了後の時期的にあまり良いといえない時期でファンの反応が心配されたが、大いに盛り上がり、連日多くのファンの方々が熱心に「侍日本」を応援してくださった。結果は優勝出来ず、ファンの期待に応えられなかったが、多くのファンの方が応援していただいたという事実は残った。侍日本というチームにかけるファンの方々の熱いまなざしと、期待が伝わってきた。選手たちは今回の敗戦の悔しさを忘れずに、次回はこのファンの方々の期待を絶対に裏切ってはいけないと思う。

その試合の中から「4番打者」が誕生しそうな雰囲気が見えてきたことも嬉しい出来事だった。なかなか全日本の4番打者が育たなかったのだが、「やっと」という感じだがこのままいけば間違いなく育ってくれるだろう。そして多くのファンの方々が「あいつが打てなかったのだから敗戦も仕方がない」と思っていただける選手に成長してほしいな。

その選手とは筒香嘉智選手と中田翔選手だ。あとは試合の最後を締める絶対的なクローザーがほしいが、期待出来そうな投手が出てくると、このご時世だからみんなメジャーリーグに行ってしまう。とにかく、出てきてほしい。

そして、ドラフト会議で指名された多くの若い才能に溢れた選手たちが春のキャンプで溌剌《はつらつ》とした姿を見せてくれていることが何より嬉しい。特に私が高校から入団したせいか、どうしても高校生に目が向いてしまう。これからどんな成長を見せてくれるのかと考えると否が応でも気になる。

中日に入った小笠原慎之介投手、千葉ロッテの平沢大河選手、福岡ソフトバンクの高橋純平投手、東北楽天のオコエ瑠偉選手、彼らは高校生でありながら、ドラフト1位の重圧とも戦わなければならないと思うと、本当に心配になってくる。まだ18際の少年なだけに、この重圧と戦うのは大変なことだ。と同時に、彼らがどんな大きな夢を持っているのだろうか？　理想を持っているのだろうか？　いま持っている高い理想と、大きな夢をいつまでも追いかけていってほしい。

その手助けを周りの指導者の方々が慎重な教育をしてくれることを願う。

「筋肉は使わなければ退化する、使い過ぎたら故障する」、これと同じように、人を育てるときには、厳しくしすぎても、優しくしすぎてもいけない。時には自然に任せる時間（本人にゆっくり考えさせる）も必要だということを知っていてほしい。

まだまだ体も、頭も、柔らかく、固まっていない時期だということを忘れないでもらいたい。「いま」ではなく、3年後、5年後の姿を指導者も夢に描きながら育ててほしい。

２０１６年3月10日

38 夢の舞台で考えた

52年前に出場させてもらった春の大会を思い出した

２０１６年3月20日から第88回選抜高校野球大会が甲子園球場を舞台に行われた。朝の8時55分、テレビに入場行進を待っている元気な選手たちが映し出された。みんな少し緊張していたようにも見えたのが、嬉しい気持ちのほうが勝《まさ》っていたかな？　9時に場内放送があり、「選手入場」という放送を合図にアルプス席の下の集合場所から選手たちが移動し、ライト側から球場に入ってきた。

前年度優勝の敦賀気比《つるがけひ》高校を先頭に32校の選ばれた選手たちが入場してきた。入場順番を待っているシーンを見た時にも感じたのだが、春のこの時期はどこか照れくさそうな、恥ずかしそうな、そんな表情の多くの選手が見受けられる。大きく手を振り、足を揃えての入場行進、高校生が一生懸命に歩いている姿を目にすると、遥か昔の自分の姿をどうしても思い出してしまう。

毎年の春の大会、夏の大会、開会式は何としても見たいと思う。この選手入場を見るたびに自分が高校球児だったころを思い出す。私も今日ここを歩いている選手と同じように入場行進をしたのだ。「頑張ってよかった」「野球を諦めなくてよかった」と考えていたのを思い出す。少し照れくさくて、嬉しくて、本当に嬉しかった時を思い出した。全国に私の時代でも

2800校以上の高校があり、ここに来られるのは春の大会が32校、夏の大会が46校（50回大会を記念して49校になる）しか来られない場所である。

私が出場させてもらった春の大会が36回目で、今回が88回大会、52年という時間の経過とともに選手の身体がまず大きくなったことに驚く。本当に多くの選手が大きくなった。そして当然、その大きな体から投げられたボールは「速い」。

投手全体のボールが速くなったと思う。同時に打者のバットスピードも速くなっているのだろう。その打者たちが手にしているバットが「金属」に変化している。そしてほとんどの選手が手袋をして打席に入っている。

我々の時代には見られなかったことだ。本塁打を打った選手が大きく手を上げてベースを回っている、これもなかった。打たれた選手の気持ちを考えなさいという教えが浸透していて、ベンチの奥で溢れんばかりの笑顔を見せるのが普通だった我々の時代とは違う。

この大会からバックネット裏のスペースに少年野球の選手たちを招待する席を確保したようだ。多くの少年野球の選手たちが監督に連れられて試合を観戦していた。

この中から何人がこの甲子園のグラウンドに立つことが出来るのだろうか？　きっと彼らは全員今夜は自分がこの甲子園の打席に立ち、本塁打を打った夢を見るだろう。投手は次から次から三振を取る夢を見ることだろう。そんな夢を見させてくれる場所である。

もう私がプレーさせてもらってから今年で52年目の大会である。打ったヒットや、勝った試合などはどこかに忘れてきてしまった。だけど、今日の入場行進の時の喜び、嬉しさ、誇らしさは昨日のように覚えている。今日ここを行進した選手たちもきっと同じであるだろう。ここを歩くことが出来たことの喜びと同時に野球が出来る環境を与えてくれた両親をはじめ、多くの指導者の皆さんにお世話になったこと、多くの仲間と出会えたことに感謝して、そして何より多くの喜びや、苦しみを乗り越えて、自分との戦いに勝ったということを忘れないで、これからの自分の人生に挑戦してほしいと思う。

2016年3月20日

39

先発投手の力を探る

先発投手が良いと勝利は70%近づくが、悪いと敗戦に近づく

2016年のプロ野球が開幕した。毎年開幕前に順位予想をしなくてはいけないが、その時、まず最初に材料として考えるのがやはり先発投手の陣容であり、大きなポイントとして考える。そんなところから今回は始まったばかりですが、そこを是非見て見たいと思う。

すべてのチームがオフに一生懸命に考え、優勝のための補強をして臨んだキャンプ、どこまで今年に反映出来るのか？　机の上だけでは何もならない世界だけに、この開幕からグラウンドで選手が表現してくれないと何もならない。

そんな目線で見ていくと、やはり計算どおりにいくチームはそんなに多くはないということが見えてくる。人がやるところの難しさかな？　野球の勝敗を握っているのは投手だと言われる。先発投手が良いと勝利は70％に近づくが、悪いと敗戦に近づく。中継ぎ、抑えの投手も当然大切だが、まずは各チームの先発投手の布陣を考えてみよう。

昨年のチャンピオン、福岡ソフトバンクの開幕からの先発投手を見てみると、開幕戦が摂津正投手、順当なところでしょう。2戦目がバンデンハーク投手、3戦目に武田翔太投手が来て、4戦目はアメリカから帰ってきた和田毅投手、5戦目に千賀滉大投手が来て、このチームは予定どおり、力のある先発投手を並べてくるだろう。ここに実績もある中田賢一投手、大隣憲司投手が来ればとシーズンは心配ないというところか。

次が北海道日本ハムになるがここは今年も大谷翔平投手が騒がれてばかりで、チームの全体の状況が見えにくいが、やはり第1戦は大谷投手、2戦目がメンドーサ投手、3戦目に有原航平投手、4戦目は吉川光夫投手、5戦目にバース投手と予想すると、このバース投手がどこまで出来るかが順位に影響してくるだろう。

ペナントレースを考えると、もう2人は先発の務まる投手が欲しいところだろう。準備が少し遅れたかと思うのが千葉ロッテ。開幕が当然涌井秀章投手。そして大嶺祐太投手、スタンリッジ投手と続くが、大嶺投手がどこまで頑張れるか、昨年の8勝からの上積みが期待されるところだ。そして石川歩投手、このあとが二木康太投手、チェン・グァンユウ投手になるが、こちらももう少し先発が務まる投手が欲しい。埼玉西武は近年、優勝から遠ざかっており、今年はAクラス、出来れば優勝争いもしたいだけに、どんな先発投手を並べてくるか、開幕が悪くても菊池雄星投手で来たということはこの投手に今年こそ一本立ちしてほしいというところでの起用と思う。

次が十亀剣投手、新外国人投手のバンヘッケン投手、そして岸孝之投手、野上亮磨投手という順番で組んできたが、先発投手が少し足りない。若手でこれだと思う投手を早い時期に経験させ、育てることがペナントレースの後半に生きてくるだろう。

次が昨年大敗したオリックスだが、今年は金子千尋投手が開幕に登板、2戦目に若手の近藤大亮投手、3戦目がディクソン投手、次に西勇輝投手、東明大貴投手という順番で続いた。彼らが本来の力を出してくれたら、今年は十分に期待していい陣容だろう。ここも松葉貴大、山崎福也投手が育ってくると他チームはさらに警戒してくるだろう。

次の東北楽天は、先発投手の頭数が足らないところでのスタートとなったが、嬉しいニュースとしては昨秋に右肘を手術した美馬学投手が完投勝利を上げてくれた。そして釜田佳直投手が帰ってきました。戸村健次、辛島航、塩見貴洋投手が頑張ってチームに刺激を与えてほしいものです。

次にセ・リーグ、DeNAの投手陣を覗いてみたいが、キャンプ時、先発投手として予定していたのが、山口俊投手、久保康友投手、井納翔一投手、石田健大投手、三嶋一輝投手、三浦大輔投手、ペトリック投手だった。開幕投手の有力候補だった山口投手が故障で井納投手に、2戦目が久保投手、3戦目に石田投手、本拠地横浜での初戦となる4戦目が新人の今永昇太投手、5戦目にモスコーソ投手、6戦目は砂田毅樹投手というところで、ラミレス監督はまだ投手陣の力量を見きわめている段階のように感じる。

先発ローテーションを務める、ただ6人の投手以外にも活躍しそうな人材がいることはこれからの楽しみだと思う。若い投手がどこまで頑張るのか、ここがこのチームの浮沈をきめるポイントになると思う。

このDeNAの対戦相手の巨人が少し心配な陣容で、開幕は菅野智之投手、2戦目に高木勇人投手、3戦目に田口麗斗投手、4戦目はポレダ投手、5戦目にドラ1の桜井俊貴投手（4月1日肘の故障発生）、6戦目に菅野投手という組み合わせでいくということで、内海哲也投手、マイコラス投手が故障でいない点が少し心配である。

もう一人、杉内俊哉投手がいつ復帰するのか、ここらあたりに不安定材料が隠れていると思う。勝てる投手、つまり、実績のある菅野、ポレダらが投げる試合は確実に勝つ。そういう丁寧な試合運びが大切になるだろう。

阪神は開幕投手を務めたメッセンジャーが中5日で3月31日の先発を務めた。開幕第一節と第二節の間の3月28日に試合が組まれていなかったから、先発ローテーションを6人ではなく、5人で回すことが出来たのだ。本来ならばもう一人の先発が欲しいところである。今年の2戦目には能見篤史投手、3戦目にアメリカから帰ってきた藤川球児投手、4戦目に藤浪晋太郎投手、5番目が岩田稔投手で、6番目がほしい。ここの候補としては岩貞祐太、岩崎優、秋山拓巳投手というところだがみんなもう一皮何とかしてほしいというところで、少し心配である。

そして中日だが、昨年から若返りを断行、野手だけでなく、投手陣も大野雄大投手を第1戦に2戦目に山井大介投手、3戦目にネイラー投手、4戦目に若松駿太投手、5戦目は浜田達郎投手、6戦目にここは福敬登投手という、新しい布陣で臨んできた。これからどの組み合わせで4月、5月を乗り越えるか、見ものです。まだまだ二軍に若い投手がいるだけに誰が出てくるのか、監督、コーチの手腕も見ていきたい。

最後が広島になるがジョンソン投手、黒田博樹投手、福井優也投手、野村祐輔投手、ここまでは経験、実績ともに大丈夫なメンバーが揃っている。問題はここから。新人の岡田明丈投手、横山弘樹投手、いま故障している大瀬良大地投手がどこから復帰してくるのか、投手陣は前田健太投手が抜けて痛いことは痛いのだが、まだまだ人材はいると思う。あとはどう使いこなすか、育てていくのかが大切だと思う。

この1週間、開幕第1節と2節投手陣の顔ぶれを見てみた。少し心配なところ、このままで行けるところ、息切れしそうなところなど、色々と見えてきたような気もするが、大切なことはペナントレースは長いということ。どこまで考えて投手を起用してゆくか？　それぞれの投手の力量、経験を考えながら季節も考慮して起用することが大切になってくるだろう。スタートだけの成績にとらわれないでチャンスを与えて育てることも必要だし、見切りをつける勇気も必要になる。

雨天中止などで試合日程が不規則になる梅雨の時期に誰を起用するのか、夏場に強い投手を探すことも必要になるだろうし、勝負どころで使えるか、使えないかを見極めるのも4月、5月の大切な作業になる。そんなことを考えながら、毎日、監督の投手起用を見てゆくと、また、新しい野球の面が見えてくる。

2016年4月4日

40 若手の経験

シーズンを乗り越えるだけの頑丈な体が欲しい

2016年のプロ野球開幕ゲームで5人の新人選手が出場した。久々にこんなにも多くの新人が出てきたということはセ・パともに選手が入れ替わりの時期なのかな。各チームの中で多くの若い選手がこれからどんな経験を積んでいくのか、どんな場面に出会うのかを考えてみると楽しみになる。そして、経験の少ない若手選手の試練といえるのが、15試合が終わり、一回り他チームと当たった後あたりから出てくる。いままでは試合に出ていなかったのだから、対戦チームは自分のことをよく知らない。しかし今度は試合に出たことで相手捕手、対戦投手からどんな打ち方をしたのか、どのコースを狙ってきているのか、初球から打ってくる積極的なタイプか、じっくりと待つタイプか、走者を置いた場面ではどうだったかなと、各チームがデータを揃える。

試合に出るということは、自分の弱点を相手に晒すことでもある。しかし、試合に出ることによって、得意なボールも出来てくる。対戦相手のデータも入ってくる。まず投手のボールの出てくる角度、変化球の曲がり方、落ち方、ストレートのタイミングの取り方、初球の入り方、勝負球、そして相手捕手のリードの傾向。捕手には一人一人、癖がある。同じ投手と組んでも捕手が違えば同じ配球でリードすることはない。このようなことも試合の中で経験していく。

これは投手にも言えることで、得意なタイプの打者が生まれると思えば、苦手なタイプも出てきて、頭を痛めることになる。その経験が相手打者をしっかりと見ることにつながり、研究していくことで自分の成長を助けることにもつながっていくのだ。

そんな若手を探してみると、一番に思い浮かぶのが、開幕戦で1番打者として活躍している阪神の高山俊選手だ。文句のつけようがない活躍だった。ただ、大学時代は春と秋のシーズンだったがプロ野球選手は毎日の試合をする体がどこまで持つか、横田慎太郎選手、江越大賀選手への期待も大きい。そして陽川尚将選手が一軍デビューを果たした。これだけの野手が一度に上がって来ると、昨年まで試合に出ていた選手たちもうかうかしていたらレギュラーを奪われてしまうと発奮して、良い刺激になるだろう。

問題はここからどこまで一軍に留まることが出来るか、広島もドラフト1位の岡田明丈投手、ひと足先に勝ち星を挙げた横山弘樹投手、仲尾次オスカル投手、そして野手では1番に定着しそうな田中広輔選手、いまは二軍に行ったが、西川龍馬選手が期待されており、試練も受けるだろう。

巨人では3年目を迎える小林誠司捕手がどこまで頑張れるか、故障離脱している阿部慎之助選手が復帰してからが勝負になるだろう。昨年頑張った立岡宗一郎選手も1年間戦うという経験をすることになるだろう。

2年目の戸根千明投手が真価を問われる年になりそうで、同じ左投手の田口麗斗人投手、今村信貴投手と一軍登録枠を争うことになるのではないか。期待の新人、桜井俊貴投手が早くも故障に見舞われたが、その代役を誰が務めることになるのか。スタートダッシュに失敗したDeNAには今永昇太投手、戸柱恭孝捕手のバッテリー、期待の石田健大投手、開幕戦から三塁を任された白崎浩之選手、中日では山本昌投手のあとを継げるか、福敬登投手、開幕試合で3番に抜てきされた遠藤一星選手、東京ヤクルトの原樹理投手も目が離せない。

パ・リーグにも東北楽天のオコエ瑠偉選手はキャンプ、オープン戦では良い活躍を見せたが、さすがに公式戦では苦しんでいる。焦ることはない。しっかりと自分のスタイルを探せばいい。

その東北楽天には茂木栄五郎選手がいて、この選手は公式戦に入っても活躍しているが、これからが勝負になるだろう。そろそろ、対戦チームに研究され、大学リーグ戦とは違うペナントレースで、体がバテてきたころだ。それを乗り切ってほしい。もう一人、オリックスの吉田正尚選手をあげたい。素晴らしいスイングスピードを持っている選手で楽しみはであるが、この先、どうこのスピードを実戦に活かしていくのか、これからだろう。ここには西野真弘選手、大城滉二選手という若手にもチャンスがありそうなので本当に楽しみである。

千葉ロッテには期待の大砲、井上晴哉選手がどこまで頑張るか、北海道日本ハムでは期待の新人、加藤貴之投手が開幕早々に勝利投手になり、これからの活躍が楽しみになってきた。故障した、有原航平投手も大きな可能性を秘めているだけに、いつ出てくるか、埼玉西武の森友哉選手、外崎修汰選手も頑張れるか、昨年のチャンピオン、福岡ソフトバンクには若手が入る余地がないようで、チャンスを二軍で待つということだろう。

これらの選手が技術的にも精神的にも、ケガや故障にも、どこまで自分と向き合っていくことが出来るか、そして、それを支えるのが体力である。どれだけ素晴らしい技術を持っていても、体が動かなければ使えないということで、最大の敵は故障である。アマチュア野球にシーズンは短いが、プロ野球は準備に2カ月、勝負が7カ月という長いシーズンを戦わなくてはいけない。それを乗り越えるだけの頑丈な体が欲しいということだ。

毎日の勝った、負けた勝負も楽しいが、若い選手が色々な経験をしてどう成長していくのかをじっくりと眺めるのも楽しいものです。

2016年4月17日

41

会心の笑顔を見たい

その選手の評価は数字がすべて

野球の魅力の一つに「喜怒哀楽」があるだろう。今日の試合にチャンスで凡打、守ればエラー、そんな何をしてもうまくいかないで散々な目に遭い、悔しい思いをした選手が次の日の試合で攻守に会心のプレーをして、笑顔でヒーロー・インタビューを受けている。その笑顔を見ていると、つくづく野球という競技がかわいく見えるし、人という動物が単純にも見えてくる。近代社会はますます複雑になって、人が本来持っている感情を表面に出すことが難しい場面が多くなってきた。

そんな時代に、このように人の持っている純粋な面を見ることが出来ると安心する。そんなことを考えさせてくれるシーンが30試合を過ぎたこの時期に、何人もの選手が見せてくれた。そしてこの「天国と地獄」は野手の場合は1日でチャンスが来るのだが、先発投手の場合には早くて中4日の5日目、日本の場合は1週間に1度の登板が普通だから、この間、チャンスはないということになる。

その間、投手は投手にしか分からない不安と期待が交差する日々を送らなければならない。そんな苦しい不安な日々を乗り越えて初勝利の喜びを掴んだ2人の投手を見てみた。

一人はヤクルトの新人選手でオープン戦からしっかりとした投球を見せて、3月27日の開幕

3戦目の巨人戦に登板した原樹理投手。この日は6回投げて6安打1失点での投球にもかかわらず勝敗なし。

2回目が4月3日の中日戦で、7回まで投げて6安打3失点で敗戦。三度目の正直というわけではないが、3度目の登板が4月10日でDeNA戦だった。大いに期待されたが、2度の失敗で少し腕が縮んだか、慎重になりすぎたのか、本来のボールが投げられずに4回で7安打6点とこの日は失敗。ここから自分のボールを信じることが出来ないのか、考えすぎたのか、17日のDeNA戦で4回を投げ、5安打3点。24日の中日戦は6回を投げて4安打1点と好投したが、味方方打線が応えられず、勝敗なし。かなり苦しい1カ月を経験して、5月1日、6試合目にして初めて笑顔が見ることが出来た。

いままでの試合後のインタビューと違い、笑顔に包まれたスポーツマンらしい素晴らしい笑顔を見せてくれた。チームがちょうど30試合目ということもあり、いい区切りになっただろう。

そしてもう一人、こちらはこの時期に初勝利ということではチームが困ってしまう北海道日本ハムの大谷翔平投手。

今年はさらにもう一段上のレベルに挑戦しなくてはいけないという栗山英樹監督の期待に応えるべく、キャンプから調整をしてきたはずなのだが、開幕戦の千葉ロッテ戦で相手打線に対して7回まで投げて5安打3失点という成績で、周りの「勝利投手になって当然」という期待に応えることが出来なかった。

相手の涌井秀章投手が頑張り、同じ7回を投げ、0点で抑え込んで2対3というスコアで敗戦。続く2戦目は今度こそという意気込みで臨んだが、福岡ソフトバンク打線につかまり、6回5安打1失点、投球数105球、三振が6個、四球3、死球2ということで、少し荒れた投球内容だったと思う。

試合は延長戦で北海道日本ハムが勝ったが、大谷投手は勝敗なしという結果で、まだ本当に開幕試合を迎えられていない。そして3試合目に臨むのだが、周りも少し心配し始めた時期で、チームの顔とも言える投手に1日でも早く勝ち星をという雰囲気の中での投球だった。

ここも野球の女神が微笑んでくれず、0-1での敗戦、投球自体は8回投げて106球6安打、8三振、1失点ということだから文句はないのだが、相手投手がこの日も好投を見せて味方打線が打てないで敗戦。チームのエースとして愚痴るわけにもいかず、荒れるわけにもいかず、苦しい時間を過ごしたことと思う。4月はもう2試合投げたのだが、結果は出ず。

チームも本人も、いままでのことを考えると、不思議な感じがしたのではないだろうか。自分のピッチングが好調でも、相手投手も調子が良くて味方打線が打ってくれないなど巡り合わせも悪かった。4月はそういう初めての経験をしたと思うが、4月は勝ち星なしの2敗で終了。

その大谷投手も5月1日の敵地で行われた千葉ロッテ戦で9回完投、138球、4安打、4失点。これまでと違い、何より大きな工夫が見られたのは、変化球を多投しての完投勝利ということではないだろうか。この日の投球から何かを掴んだかかな。どうしても160キロのスピードボールばかりが話題になり、周りの期待に応えなくてはという気持ちも強かったと思うが、打者に対峙した時に本当に大切なものは何か、今後、このことをどれだけ習得出来るかが大谷投手の成長にかかっていくように思う。

彼もこの1勝で精神的には随分と助けられたと思う。これから毎試合どんな笑顔を見せてくれるか、大いに期待したい。

もう一人素晴らしい投球を見せてくれていたのだが、勝利の女神が振り向いてくれない投手がいる。DeNAの新人で今永昇太投手である。彼は素晴らしいマウンドでのパフォーマンスを見せてくれている。ただ、味方打線が相手の投手を攻略出来ないでここまで来ている。

5月2日現在、5試合に登板して防御率2・45という数字を見ると、とっくに2勝や3勝していても不思議ではない数字である。だけど、現実は0勝4敗という数字が残っている。スポーツの厳しいところは、現在のその選手の評価は数字がすべてを表すというところではないだろうか。

東京ヤクルトの原樹理投手や日本ハムの大谷投手、そしてオリックスの金子千尋投手も今年は出足で苦しんでいるが、みんな6試合目で脱出している。今永投手も次の登板が6試合目である。いままで苦しんだ分まで、次の登板が彼らと同じように6試合目で会心の笑顔になれることを祈らずにはいられない。

スポーツマンの一番素敵なところは笑顔ではないだろうか。その笑顔を一人でも多くの選手たちが見せてくれることを祈りたい。

２０１６年５月３日

42 出足の戦い セ・リーグ
各チームの投手事情を少し見てみたい

ツツジが咲き、サツキが美しくなり、何より藤の花が本当に豪華な美しさを見せてくれる時期になってきた。現役のころはゆっくりと花を見る余裕もなく、この時期は次の対戦投手、チームに対してどんな準備をしようかということでいっぱいで、「ペナントレースの佳境はこれからだ」という感じで過ごしていたと思う。

１４３試合の約４分の１が終わり、監督が意図してきた戦いが出来ているチーム、出来ないチーム、各チームの戦力がだいたい見えてきたころではないだろうか。

２月のキャンプ時期、セ・パの順位予想を考える時に最初に考えるのが投手陣の陣容である。先発投手は、中継ぎ投手は、抑え投手は？　多くの野球経験者の解説者、そしてテレビのアナウンサーや新聞記者のみなさん、最近は野球経験者でなくとも数字の世界から野球を解析して予想を立てる人もいる。多くの人が期待を込めて予想をする。当然、野球ファンのみなさんもそんな材料を見ながら、自分独自の見方を作りあげて楽しみにしてシーズン開幕を待ってくださるのだろう。

そして3月末の開幕、実際の公式戦で期待して起用した選手が期待どおりに投げてくれるのか、その姿を見ながら、監督、コーチは安心して見ていられる投手、考え直さなければいけない投手、通用しそうな新人投手と、もう一度鍛え直さなくてはいけない投手を分ける。その答えを出すのが、この時期になる。そんな各チームの投手事情を少し見てみたい。

5月6日現在の順位は、セ・リーグは巨人が1位で走っているが、強いという感じがするチームではない。だけど、勝ち方を知っているという点ではやはり長けているように見える。

2月のキャンプ時点でブルペンを見てまず気になったのが、「巨人の投手陣がこんなにも手薄になってきたのか、こんな状況を見るのは初めてかもしれない」というものだった。世代交代がうまくいかなかったということになる。

チームを支えている投手を探すと、外国人投手のマイコラス投手、ポレダ投手、マシソン投手という名前が出てきて、日本人投手で柱として計算出来るのは、菅野智之投手ということである。菅野投手にはこの時点では「期待したい」という評価で、故障のあった昨年のイメージが残っていて、不安に見えていたことも事実である。

2年目の高木勇人投手にも昨年のように大活躍とはいかないようなところが見え、打線が援護してくれたら波に乗るかなという感じを受けた。広島から来た大竹寛投手も元気がなく、内海哲也投手、杉内俊哉投手もどこか悪いようで、新人の桜井俊貴投手に「なんとかしてローテーションに入ってほしい」という雰囲気のブルペンではあまりにも寂しいな。

5年目の今村信貴投手、3年目の田口麗斗投手もこの時期はまだ大きな信頼は勝ち得てなく、小山雄輝投手、宮國椋丞投手、江柄子裕樹投手たちに期待が集まっている時期でもあった。

さて、143試合の4分の1が過ぎたいまの時期に大切なことは安心して任せられる先発投手がいるのかどうかということ。両外国人投手のうち、一人は故障、もう一人は自分の投球を見失っている状態ですが、菅野投手が一皮も二皮も脱皮し、素晴らしい投球を見せてくれ、チームを支えている印象を強く持っている。

そして、いつの時期に両外国人投手が昨年のような状態に戻れるか、ここがポイントになることは間違いない。もう一つが、若い田口と今村の両左腕で、これからどこまで進歩するか期待の星だけに、今年の巨人の行方を握っていると言ってもいいでしょう。

そして、チームにとって一番大切なことは、勝てる試合を確実にものにするということである。となくと、勝ちパターンの投手リレーが出来ているのか、信頼出来る救援投手がいるのかという点になるが、今年は山口鉄也投手が少し不安な面を見せているのが気になるが、マシソン投手、沢村拓一投手を含めたこの3人には、これまで以上にこれからも頑張ってもらわなければならないだろう。

打線のポイントを挙げると、1番バッターの立岡宗一郎選手の働きと、打線の中心でもある坂本勇人選手かな。長野久義選手が手術の影響なのか、どうも元気がない。そうすると、坂本選手を中心にギャレット選手、クルーズ選手が働くという図式が望ましい。坂本選手に菅野投手のような成長が見られたら、このチームは強いよ。

次が広島東洋カープということになるが、ここは投手陣が充実しているチームで、前田健太投手が抜けて、専門家もファンの人も心配していたが、いざ始まってみると、やはり頼りになる多くの投手がいると認識させられた。

先発は昨年加入したジョンソン投手が今年も安定しており、黒田博樹投手も安心して見ていられるし、福井優也投手、野村祐輔投手もチームのために頑張るという気持ちが表に出ていて頼もしいのだが、力みが出て失敗しないようにしてほしい。ここに新人の岡田明丈、横山弘樹投手が出てくるといいのだが、まだそこまでは見えない。

むしろ、このチームの問題は先ほども言った「勝ちパターン」の構築だろう。中田廉投手が少し調子を壊しているのが気になる。今村猛投手、ジャクソン投手、中﨑翔太投手といったところで継投し、確実にものにしなくてはいけない。打線のチームではないが、いまのところは打線が爆発して多くの得点に投手が守られて勝ち星を重ねている。しかし、打線が少し休憩に入った時に、このチームの本当の底力を見せるのは投手陣である。

その準備をしっかりとしてほしい。打線のほうを見ると、1番にしっかりと固定された田中広輔選手、相変わらず、好不調の波はあるが、パンチのある菊池涼介選手、打撃復活を目指す丸佳浩選手、2000本の偉業を達成した新井貴浩選手、本塁打量産のエルドレッド選手。打率も凄い。今年の敵は体の故障でしょう。体調管理がこれからの課題と見ている。早くルナ選手に帰ってきてほしいところです。そして、その間に明日のために鈴木誠也選手、堂林翔太選手をしっかりと育てたいものだ。

3位の阪神ですが、野手陣を本当にここまで変えますかという印象を受けた。投手陣では顔ぶれは大きく変わっていないものの、野手は一気に様変わりしたみたいな感じである。まず投手陣を見ていくと、やはりメッセンジャー投手、能見篤史投手、藤浪晋太郎投手は安定しているが、岩田稔、岩貞祐太投手は、コンディションの作り方をまだ学ぶ必要があるというところで少し心配している。

1年間という長さを考えて投げるというところを勉強してほしい。ここはいいとして、このチームの問題は勝ちパターンの投手をどう安定させるかが大きなカギを握る。

抑えのマテオ投手は日本の野球にも少しずつ慣れてきたようだが、その前のイニングを任されているドリス投手、安藤優也投手、昨年頑張った福原忍投手、移籍してきた高橋聡文投手たちが不安定なのが気になる。勝てる試合は絶対に勝たなければいけないのだ。特にこれからの戦いはそこが大きなポイントとしてあげられる。もう一つは藤川球児投手がこのまま先発投手を務めるのか、中継ぎにまわるのか、慣れ親しんだ抑えにいくのか、チームのムードを作る上で重要なポイントになるだろう。

1番バッターも務めた新人の高山俊選手はレギュラーに固定出来るところまでやって来た。

西岡剛選手が故障して、北條史也選手を使うスペースが出てきたのだ。外野手の江越大賀選手は長打力が見ものである。三塁の陽川尚将選手もよくバットが振れている。ただ、安定するまで少し時間がかかりそうだ。

板山祐太郎選手、捕手の原口文仁選手も成長してきている。いまは勢いでやっている感じがあるけど、このままでは苦しい時期が必ず来る。

その時に金本知憲監督がどこまで我慢が出来るのか、優勝というものが見えてきた時には経験という、目に見えない力が大きな力を発揮することを知っている金本監督がどうするのか、育てたいし、勝ちたいし、難しい選択を迫られる時が来るだろう。

中日を見ていると、本当に健闘していると思う。キャンプ時点で見た時には、今年は経験、来年が勝負という感じに見えた。

大野雄大投手を中心に据えて、山井大介投手、若松駿太投手、ネイラー投手というところがしっかり投げてくれればどうにかなるのかなとも思った。浜田達郎投手、頼りにしていた吉見一起投手がしっかりしないというところで計算が狂ったものの、そんな中、小熊凌祐投手の成長は嬉しい出来事だろう。

そんな矢先、小熊はケガに見舞われてしまった。順調に治ってくれることを願う。そして、私のこだわる勝ちパターンの継投リレーだが、安定していない。抑えの福谷浩司投手が好不調の波があり、ちょっと気になるが、岡田俊哉投手、田島慎二投手、福谷投手というリレーで逃げ切れるパターンを作りたいものだ。そして早くベテランの岩瀬仁紀投手が自信を取り戻して一軍に帰ってきてくれると、ベンチも明るくなるに違いない。

打線は、ここは4番を務めるビシエド選手次第。この選手には期待している。もう一人は高橋周平選手だが、故障をしてしまい、来年のためにも1日も早く帰って来てチームのために働いてほしい。

これからどこまで追い上げちれるのか、DeNAの出遅れが気になる。

ラミレス新監督の目指す野球が空回りしての出遅れと思うが、課題だった投手陣は防御率がセ・リーグ2位ということで、これはいいのだが、打線が点を挙げられないので、勝ち星に恵まれていない。

開幕投手を予定していた山口俊投手が故障で、井納翔一投手が代役を務め、広島相手に7回投げて3安打で勝利投手。出足は良かったのだが、久保康友投手が2戦目に投げたときは打線が1点しか取れず、3戦目は3点を先取したものの、先発の石田健大投手を始め、5人の投手が計6点も失い、敗戦。上手くいかない前兆を見せられたような出足だった。

本拠地横浜に帰っての4戦目の先発は、新入団の今永昇太。7回で4失点、2-6で敗戦ということでチームの勢いも削がれたような試合となった。その次はモスコーソ投手が頑張り、6-3で勝利。でも次の試合で、砂田毅樹投手が頑張れず、延長11回で4-6での敗戦。どうも、打線が点を取ると、投手陣がそれを守ることが出来ず、投手が抑えると味方打線が打てないという、チグハグな試合が多いように見えた。

今年は開幕から井納投手、久保投手、石田投手、今永投手、モスコーソ投手、砂田投手、山口投手というように、先発スタッフには苦しんでいない。

中継ぎで頑張っている須田幸太投手、田中健二朗投手、三上朋也投手という勝ちパターンの投手がいて、最後が山崎康晃投手が締めるという勝ちパターンは確立されていると思っている。あとは打線と投手の噛み合わせをどのように作るのか、ここからの頑張りに期待したい。

筒香嘉智選手の故障、梶谷隆幸選手の故障、ロペス選手の不振、メンバーが揃わない中、苦しんできたチームに少しずつ明るさが見えてきたと、とても期待しているんだけど……。

２０１６年５月７日

43 出足の戦い パ・リーグ

強かった頃の西武野球はどこに行ったのだろう

出足で躓《つまず》いたかに見えた福岡ソフトバンクが、ここに来てやはり1位に顔を出している。今年も強い。試合の中で特別目立った選手は思い浮かばないが、終われば勝っている。そんな勝ち方をしてきているように感じるが、相手球団からは「今年も強い」という声がたくさん聞こえてくる。

投手陣を見ると、摂津正投手がどうも調子が戻らないところだが、昨年から無敗の投手バンデンハーク投手、若い武田翔太投手、千賀滉大投手、メジャーから帰ってきた和田毅投手が元気で頑張っているから、まったく摂津投手の不信を感じさせない。五十嵐亮太投手も故障したが、穴埋めに寺原隼人投手が入り、サファテ投手につないでいる。

6連戦のときには東浜巨投手が入り、中継ぎのバリオス投手が悪くなると、スアレス投手が現れて、本当に人材にならないメンバーを持っている。先発に中田賢一投手も帰ってきたようで、また余裕が出るだろう。他球団からすれば、困ったもんだが……。

2位につけている千葉ロッテもこんな凄い球団を追いかけるのだから楽ではないが、優勝するためには追いかけるしかない。今年の千葉ロッテは涌井秀章投手が頑張っているから、投手陣の「柱」というものを感じる。どこのチームにもこれが必要なんだと思う。だから、他の投手が登板する時に気楽に投げられる。スタンリッジ投手、若い二木康太投手、そして頑張ってほしいのが大嶺祐太投手。どうも欲がない投手で困る。才能的には十分に15勝出来る投手と見ているのだが、投手としての欲がないし、出てこない。もう一人、やっと勝ち星を挙げた唐川侑己投手、そして石川歩投手、チェン投手、デウン投手、彼らも頑張って、涌井投手を助けなければいけないだろう。

内竜也、大谷智久、西野勇士という勝ちパターンを担う投手は自信を持って投げてほしい。ここの投手陣の力はあると思うのだが、どうも自分を信じていないところを感じる。自分を信じるということは、自分を知るところから始まるのだということを伝えたい。しっかりと自分のボールを考えて、信じて投げることをすすめたい。

打線に関しては一時期のように柱と見える選手がいなくなってしまったと思う。打線の中核ながら、ベテランとなった井口資仁選手が試合を休むことが多くなり、外国人選手が中心を打つような打線になってきたと思う。早く日本人選手で柱と感じられる選手が出てきてほしいと思っている。

次に北海道日本ハムだが、今年も若い選手が出てきてよく頑張っていると思うが、大谷翔平選手の話題ばかりで、4番の中田翔選手も霞んで見えるようでは困る。陽岱鋼選手も帰ってきてこれから本格的に福岡ソフトバンクを追いかけるチームとして名乗りをあげてほしいところだ。前回も書いたと思うが、今年の投手のキーマンは、私はバース投手ではないかと見ていたが、いまのところ、調子がよくない。5試合投げて1勝では困りもん。いまから頑張ってもらいましょう。メンドーサ投手もその一人だ。

大谷投手は二刀流の話題でにぎやかですが、成績を残しての二刀流であって、成績が良くなければ良くなるように考えることがチームのためにもなると思う。ここが難しいところだろう。吉川光夫投手、有原航平投手、中村勝投手たちにも是非頑張ってほしい。そして抑えの増井浩俊投手の復活は欠かせない。早い時期の復活を祈るばかりだ。

東北楽天を見ていると、則本昂大投手の頑張りがチームを支えているように見える。本当に素晴らしい精神力を持っている投手だと思う。チームの雰囲気がどうしてももう一つ上がらないところがあるように思うのだが、そんな状況を支えているように感じる。

塩見貴洋投手、故障から帰ってきた釜田佳直投手、時々だが素晴らしい投球を見せる美馬学投手、将来のエース候補、安楽智大投手には早く則本投手を助けるレベルになってほしいと応援したくなる。

そしてこのチームのもう一つの願いは、ミコライオ投手が帰ってきたら、松井裕樹投手を先発に戻してほしいことだ。若い投手で、こちらも将来のエース候補なだけに早い時期に戻さないと先発投手に戻れなくなるように感じる。そして次に、自前の野手をしっかりと育てて、今度こそ本物の優勝をしてほしいと思う。前回の優勝は勢いで勝ったところがあり、チームの自力ではないと見えたのだ。

埼玉西武の試合を見ていると、このチームの先輩はさぞや寂しい思いをしているだろうと察しがつく、そんな今日この頃だ。昔の強かった頃の西武野球はどこに行ったのだろう。

競り合いになった時の粘り、勝負強さ、小技あり、大技あり、相手にとって本当に嫌なチームであったのに、最近のチームは勝負の後半に入ると、あっさりとした攻撃や、投球の目立つチームになってしまった。

チームを背負っている岸孝之投手は相変わらず故障との付き合いが多いし、素晴らしいボールを投げる能力を持っている菊池雄星投手は自分の長所の活かし方をいつまで経っても覚えてこない。このチームはこの2人が柱になり、十亀剣投手、牧田和久投手の2人の投手が脇を固めていくチームだと見ているのだが、肝心の岸と菊池がしっかりしないから、チームの構図が出来ない。抑えの増田達至投手、高橋光成投手も活きてこない。もったいない連発で、ため息ばかり出る。

打線も素晴らしい選手がいるが、つながらない。昔のように素晴らしい選手たちが試合の中で状況に応じたバッティングをし、素晴らしいつなぐ打線を作っていたことを思い出す必要があるだろう。

オリックスだが、多くの問題を抱えているように見える。現場がどこまでチーム構成に発言力を持っているのか、入り込めるのか、どうも現場の意見がフロントの意見に押されていて、反映されてないように感じるチームになっている。シーズンが始まってまだこれからという時にコーチを何度も入れ替えているところを見ても、監督が入れ替えてくれと言うならばまた考えもあるが、どうもフロントが考えての変更らしい発表しか伝わってこない。これでは戦うチームの一体感は生まれてこないだろう。

金子千尋投手、西勇輝投手という、リーグを代表するような投手を持っているチームとは思えない。このひどい勝率はこうしたところからきているのではないだろうか。新人の近藤大亮、ディクソン投手も力のある投手だし、抑え投手も持っていて、外国人選手に頼らなくてもいいぐらいの選手を持っていると思うだけに、このコーチの問題はしっかり考え直してほしいと思う。もう一つは、勝ちパターンで使う投手を負け試合にまで使わないでほしい。投手のテンションがまったく違うから、次の登板に支障が出る気がする。ここは大切にしてほしい。

そして、糸井嘉男選手、T-岡田選手という選手には自分の成績以上に、チームとはどういうところに喜びを感じるのかをしっかりと教育して、若い選手の手本になれるような選手になってほしい。中心選手とは、どのような考え方をするものか？　ここをしっかりと、監督、コーチが教えていくことがチームの成績に反映するだろう。

元西武の中島裕之選手はもう一度、グラウンドで大粒の汗を流すところからやり直して、光り輝く姿を見せてほしい。

このままでは寂しすぎる。オリックスというチームを素晴らしい成績の出せるチームにするためにも努力してほしい。

どこのチームもまだまだ試合数が多く残っており、これから十分に成績を残すチャンスを持っている。成績が出ているチームも調子が出ないチームも、もう一度キャンプに時に掲げた目標を、監督、コーチがもう一度チームで共有すべく見直す時期が来たと思う。

2016年5月7日

第6章

異次元の世界

44 今年はどうかな

広島は交流戦を苦手としていたが、今年は関係ないかな

交流戦が18試合になっても大きな変動がないと思っていたが、やはりこの時期には好不調が顕著に出る。そのところを考えていくと、18試合での対戦カードの順番に関係があるのかな。調子のいい時に不調のチームと対戦して3連勝をすると貯金が出来る。反対に考えると、そんなことを考えていると、不調な時に3連敗をしない工夫をしなければならない。

3連勝をすると、次のカードで失敗しても5割の数字が残る。反対に3連敗したチームは次のカードで頑張っても5割しか残らない。これを頑張って1勝2敗で乗り切ってくると、4勝2敗という数字が残るのだから頑張らなくてはいけないということだ。最後に笑うためにはやはり頑張りどころをしっかりと締めておかなければいけない。

そんな目線で対戦カードを見ると、交流戦を得意としている福岡ソフトバンクが最初に戦うのが中日、そして広島、DeNA戦と続いていく。この戦いを見てみると、セ・リーグの3チームは相当覚悟を決めて戦いに臨まなければ、パ・リーグを独走している福岡ソフトバンクを倒すことは難しいだろう。

パ・リーグでは調子のいい千葉ロッテ、大谷翔平選手、中田翔選手、レアード選手と長打を売り物にしている北海道日本ハム。この3チームがセ・リーグのチームを苦しめそうだが、問

題はこの3チームの先発ローテーション投手がどのチームと当たるかだろう。力はあるのだが、まだ調子の出てないオリックスには金子千尋投手、西勇輝投手、ディクソン投手という素晴らしい投手がいる。また、西武には菊池雄星投手、いまは休んでいるが、岸孝之投手と対戦することになれば、セ・リーグの対戦チームの打線はかなりの工夫をしなくてはならないだろう。東北楽天には則本昂大投手という元気のいい投手がいて、対戦が回ってくるか、外れるか、大きな違いになるだろう。

こんなことを考えながら見ていくと、セ・リーグのチームで比較的スケジュールに恵まれていると見えるのが阪神ではないだろうか。初戦が東北楽天戦、ここは先ほど書いた則本投手という強敵が1人いるが、この投手のローテーション次第では勝ち越すのは難しくないだろう。2カード目が埼玉西武戦ということも勢いをつけるにはいい相手と思う。そして調子のいい千葉ロッテ戦を迎えるのだが、以前在籍したスタンリッジ投手、涌井秀章投手、石川歩投手という中で誰が回ってくるか、ポイントはここだろう。

この3カードで上手く滑り出せば調子を掴めそうだ。後半の北海道日本ハム、オリックス、福岡ソフトバンク戦とは余裕を持って戦うためにも最初の3カードを大切に戦いたい。

巨人もその点ではもう一つ調子の波に乗れないオリックスが交流戦初戦の相手で、勢いをつけるには格好の相手ではないだろうか。ここは波に乗りたいところだと思う。そして北海道日本ハム、埼玉西武と戦うのだが、相手打線を乗せなければ勝ち越しは難しくないと思う。

今年の巨人打線では北海道日本ハム、埼玉西武の打線と打ち合いに持ち込むと苦しいと思うだけに、接戦に持ち込み、セ・リーグの野球のペースで戦いたい。東京ヤクルトがこれからどこまで調子を上げてくるか見えないのだけれど、北海道日本ハム、オリックス、東北楽天という順番での対戦は恵まれていると思う。

チームの打線が調子さえ整えば十分に勝ち越しを計算出来る対戦相手と見ているのだが、どうだろうか。短期決戦だけに最初に勢いつけることがどうしても必要と思う。

中日は初戦が福岡ソフトバンクということで、この初戦にあまり力を入れ込むと、その反動で次の東北楽天戦で思わぬ展開が待っているかもしれないから、慎重に入りたい。福岡ソフトバンク打線はつながりが非常にいいチームだけに、いかに打線を「点」にして戦うことが出来るかだろう。そして次の東北楽天戦に臨みたい。ここを上手く抜けると、意外とあとのカードをすんなりと行ける可能性があるとみている。

今季ここまで監督、コーチが頑張り、この位置にいるのかな。ビシエド選手の頑張り、ナニータ選手の頑張り、いいところで平田良介選手が打ち、頑張ってきただけに交流戦が一つの山場になるかもしれない。

そして、上げ潮のDeNAはどうか。セ・リーグの中でこの時期から頑張りそうなチームがここでしょう。野手のメンバーがやっと揃い、これで石川雄洋選手が元気を取り戻してくれると、もっと期待が大きくなるのですが、メンバーは間違いなく揃ってきました。そして打線としての勢いも付いてきたように感じる。

問題はパ・リーグの打者に対して投手陣がどこまで頑張れるかだろう。ここの投手も、どうしても力で押し切るタイプの投手が少なく、変化球でかわすタイプの投手が多いだけに、パ・リーグの打者からすれば崩しやすいタイプが多いと見えます。先発は井納翔一、山口俊、モスコーソ、そこに新人の今永昇太投手が加わる。この投手とは初めての対戦となる。コントロールのいい投手だけに、パ・リーグの各打者が少し苦労しそうに思えるのだが、どうだろうか。

石田健大、砂田毅樹投手といった若い投手にも期待したいところだが、彼らにとっては緊張感との戦いかな。もう一つは三上朋也、山崎康晃の抑え投手がどんな投球を見せてくれるか、このチームにとっては楽しみな交流戦だ。

最後に広島を考えてみたいのだが、このチームは交流戦を苦手にしていた。交流戦が始まると5月が終わり、6月下旬となるが、どうかな。昔と違い、今年は関係ないかな。今シーズン、ここまでいい戦い方をしているのか、それとも違う戦い方でこの勝率を残しているのか。

「勝っているからいいではないか」という意見もあると思うけれど、考えてみたい。

私のシーズン前の広島評は投手中心のチームであり、打撃戦に持ち込むよりも投手戦に持ち込み、接戦をものにするというものだった。

開幕すると、まったく違うチームのような戦いを見せており、昨年苦しんだ菊池涼介選手、丸佳浩選手が好調、ルナ選手の加入でエルドレッド選手が考えられないほどの打撃を見せて、

1番に定着した田中広輔選手が素晴らしい成長の跡を見せ「ルナ選手が故障でいない」ということを忘れさせてくれる打線になっている。

5月18日終了時点で21勝19敗。その中身を見ると、1点差での勝利が2試合しかない。投手中心のチームとしてはどうかな。3点以内の試合も7試合だけで、その他はそれ以上の点差での勝利ということになると、打線がいかに頑張ってきたかということが分かる。

圧巻は4月29日、同30日、5月1日のヤクルト戦の勝利だろう。第1戦が9対4、2戦目が12対2、3戦目が10対7、完全に打ち勝った試合展開である。広島カープの試合だろうか？心配になる。

反対に敗戦だが、1点差の試合が8試合あり、もう少しという残念な試合である。2点差4試合、3点差1試合というところでそれ以外が5試合、19敗の中の12試合が2点差での敗戦ということは、カープの堅実な野球とは違い、ちょっと考えたい展開ではないだろうか。勝ち越しているが、心配だというところはこの点である。

交流戦で戦うパ・リーグのチームは打撃戦が得意なチームが多い。このところを頭にしっかりと入れて、先発投手陣をしっかりと整備して臨みたいところだろう。

今年もパ・リーグのチームが大暴れするのだろうか。セ・リーグのチームが昨年の屈辱を晴らすのか、短い交流戦だが見どころいっぱいの交流戦になるだろう。

２０１６年５月20日

45 若手が迎える初めての経験

キャンプで作った体は5月までで終わる。夏場対策で走り込め

連日の雨模様が「梅雨が近づいてきましたよ」と教えてくれる気がしてならない。昔と違い、最近は気象庁から「梅雨に入りました」という声が大きく聞こえてこなくなり、6月に入ると、沖縄が梅雨に入っていて、いつの間にか、本州も梅雨に入る時期を迎えている。紫陽花の花が美しさを増してきて心がなごむ。厚い雲が空一面に広がり、梅雨だな〜と実感する日がもう少しで関東地方にもやってくるのだろう。

最近はどうも若手が台頭してきていることが気になり、楽しみと同時に「このまま順調に成長してくれよ！」という心配も強くなり、気になってしょうがない。

今年のプロ野球の大きな特徴になると思うが、「若返り」ということを考えてみた。

セ・リーグの若手選手たちはパ・リーグの野球にどう対処するか、パ・リーグの若手選手たちはセ・リーグの野球にどう向き合うか、若い選手たちがどんな反応を見せるのか、セ・パの若い選手たちに注目したい。

今年はいつもの年に比べて、阪神を筆頭に多くの球団で若い選手が頑張っている姿が目立っているように思う。そんな選手たちがこれからのシーズンで遭遇する「梅雨対策」「夏対策」というものをどのようにクリアしていくか、見ものでしょう。

私が1968年初めてフルシーズンを経験させてもらった時にはそんなことを考える暇もなく過ぎていったように思うが、次の年あたりには5月が終わり、6月に入ってから急に体が重くなったように感じたり、食欲がいままでと違う反応をしたり、何より「寝る」ということにそんなに苦労したことのなかったのに「寝苦しい」と感じることが増えて、睡眠不足でイライラすることが多くなったり、いままでにない経験をしたことを思い出す。

いまの時代はドーム球場が増えて、セ・リーグに東京ドーム、ナゴヤドームと2つのドーム球場があり、パ・リーグは札幌ドーム、西武ドーム（ここは温度調整がない）、京セラドーム、福岡にもドームがあり、パ・リーグは4カ所がドームだ。室内は温度調整が出来ていて体には楽なようになったと思うが、そのぶん雨による中止がなくなった。一昔前は当然ドームなどなく、雨が降ると中止になり、この中止の時の時間の使い方をよく先輩が「大切に使え」と教えてくれたものだった。

いまは中止になることも少なく、なったとしても、室内練習場の立派なものがそれぞれの球団にはあり、練習に支障をきたすようなことはなくなってきたが、当時はそんなものもなく、球場の屋内練習場を使うか、対戦相手の合宿場の練習場に行くか、そんなことしか出来ない時期だった。

その時に夏場に対する対策としていかに走り込むか、「キャンプで作った体は5月までで終わるのだから、この時期を利用して夏場対策に走り込め」とよく言われたのを思い出す。

そういえば、巨人戦が中止になった時にグラウンドの中をスーパースターの王貞治選手が黙々と走っている姿を見たことを思い出す。調子が整わない時にはもう一人のスーパースター長嶋茂雄選手もよくグラウンドを走っていた。長嶋選手は練習をしている姿を人に見せるのがあまり好きではなく、人が見ていないところで、黙々とやるという感じだったことを思い出すのがこの時期だ。

バッターはいかに夏場に力を発揮するか、ここに打者としての値打ちがあるのだとよく長嶋さんは言っておられたことも思い出す。いまのように6カ所ものドームの時代ならば、どんな言葉を発言されるのか聞いてみたい気がする。

なぜなら、ドームの中は日中28度から30度くらいで調整してあり、夏の照りつけるような日差しを浴びて練習することがない。そのまま毎日同じ温度の中で試合が出来る。そして最近の投手は開幕から多くの投手が1週間に1度の登板となり、登板数に無理がないから疲れることが少ない。とすれば、当然梅雨から夏場に疲れが出ることも少ないということが考えられる。

打者は昔のように「投手が疲れる夏場が勝負」というわけにいかなくなってきた。

そんなことを考えていくと、昔よりもいまの方が投手もそうだが、打者は夏場の過ごし方にもっともっと注意を払わなければならない気がするだけに、若い選手たちが出てきた今年はどんな調整をしてグラウンドに出てくるのか、どんな経験をするのかが非常に興味がある。

特にここまで体を張って頑張ってきた選手ほど期待が大きくなるが、そういう選手ほど自分で気がつかないだろうが、体の疲れがたまってきていることも事実だ。

アマチュア時代には春の大会と秋の大会にコンデションを調整してくればよかった。プロ野球は2月から緊張した中でキャンプを行い、球団首脳陣に力を認めてもらい、オープン戦に入り、緊張したなかで結果を残して開幕一軍のメンバーに入り、開幕から試合に臨んできたということはどれだけ鍛えた体を持っていても、疲れがないということはあり得ない。

体の反応というものは大変正直で、春のキャンプが始まってすぐに体に張りを覚える。自主トレをしてきたにもかかわらず、そして今度はオープン戦が始まり、試合という形の練習に移ると、もう一度体の張りを感じ、そして開幕戦を戦うと、朝起きて「体が痛いな〜」と思うものだ。それはそれぞれ精神的に緊張して、知らず知らず体に力が入っているということだからだ。

そんな日々を過ごしてきての公式戦の中で、毎日、毎日試合をこなしながら、この疲れをどうして取るか、自分で考えることは当然だが、先輩に聞くのも一つの手だろう。コーチの経験を聞くのもいいだろう。この問題は大きな課題となるはずである。

阪神の1番打者として頑張っている高山俊選手、捕手の原口文仁選手、開幕から好投を続けて6試合目で初勝利を挙げたＤｅＮＡの今永昇太投手、そして捕手の戸柱恭孝選手、東京ヤクルトで頑張る原樹理投手、素晴らしいスイングを見せてくれている楽天の茂木栄五郎選手など、多くの新人選手が一軍という結果を求められる厳しい場所で、連日の緊張感と、そこから来るストレスとの戦いの中で疲れる日々を過ごしながら色々な方法を模索し、こんな方法、あんな方法と試しながら頑張っていくことだろう。

我々の時代では、チームトレーナーに相談するということはある程度実績を残してからということだったが、いまの時代ならば遠慮はいらないだろう。自分の体がいつも同じように動ける状態を作るためにどうすればいいのか、教えてもらいながら経験を積むしかない。壁は自分で乗り越えるもので、人は乗り越えてくれないということも勉強するだろう。

運動選手に必要なものの基本となるのは「運動、休養、栄養」の3要素ということをどこまで学習するだろうか。自身の将来を左右することだと思う。

2016年6月3日

46 こんなのはどうですか？

広島カープは強かったのだな〜〜

先日はメジャーリーグの苦しい野球殿堂の話をさせてもらったが、こちらは大変安心して語れる日本の野球殿堂の発表が今日あり、今年は3人の殿堂入りが伝えられた。その中の2人が私と同時代の選手ということを聞いた時には、「広島カープは強かったのだな〜〜」と、そんなことを考えてしまった。

今年選ばれたのは、外木場義郎投手、大野豊投手、2人とも一緒にプレーした仲間で、昨年の北別府学投手、津田恒実投手に続いて広島カープの投手が2人選ばれたことになる。人生にはこんなことがあるんだね。もちろん嬉しいのだが、多くの先輩方が殿堂入りの順番を待っていらっしゃるだけに本当に何か申し訳ないようで、嬉しいようで、複雑ですが、おめでとう！！！！！　ありがとう！！！！！

外木場投手とは1964年11月に初めて以前の広島市民球場でお会いした。私がまだ高校生で契約させていただき、ほやほやの新人が秋のキャンプにお邪魔してのタイミングだった。

外木場投手は社会人からの入団で、8月の都市対抗試合が終了して一足早くプロのユニフォームに袖を通していただけに、初めての私からすれば落ち着いた感じがした。

捕手で入団した私がブルペンで初めて受けた時の感想は「こんなに凄いカーブを投げるのだ、プロの投手は！」。これが第一印象だった。ストレートの速さもそうですが、カーブの「キレ」は本当に驚く以外なかった。その投手と、年が明け、キャンプが終了して合宿所に入ると同部屋になるとは、人の出会いは分かりません。

これが外木場投手との始まりでした。

当時私は捕手だったので、球団の方も何か考えがあったのかもしれないが、社会人から来た選手と高校から入った選手では明らかに社会への順応性が違い、見るもの、聞くもの珍しいばかりの私に比べ、外木場さんは何でも知っている大人のように感じていました。

この頃に一番印象に残っているのが、当時はあまり投手の人がやらなかった「鉄アレイ」を使って肘を鍛えていたことである。当時は投手が重いものを持つことはあまり見たことがなかっただけに、とても驚いた。凄い投手でしたが、なかなか試合で勝つことが出来ず、本人も焦っていたことと思う。シーズン終盤の、初勝利が甲子園での試合で、ノーヒット・ノーランという快挙を成し、大器の片鱗をうかがわせた。あれよあれよという間に9回が終わった感じで、本人も何かをしたというより、「勝った」、このことに喜びを感じていたように映った。

その後、私がデビューさせていただいた1968年には21勝を挙げる大活躍で、チームの柱ともなり、この年の9月14日に広島市民球場で大洋（現DeNA）を相手に完全試合を達成1972年にはまた、市民球場で巨人を相手にノーヒット・ノーランを達成、押しも押されもしないセ・リーグを代表する投手になった。

1975年のカープ初優勝の時にも20勝を挙げて貢献、不幸なことに次の年に肩を痛めてしまい、長く活躍することが出来なかったが、本当に素晴らしい投球をファンに見せてくれた。鹿児島出身でどこか頑固なところのある投手でしたが、真っ正直な人柄はいまも変わらない。

もう一人の大野投手も思い出に残る投手で、カープが強くなってからの1977年に彼はデビューしてきたが、体が細く、「大丈夫かな?」とそんな印象を持つ投手だった。ただ、入団時から足腰の強い選手で、短距離でも、長距離を走らせても速く、足の速い選手はバネがあるということなので、きっと「腱」が強かったのだろう。

体力が付くまで少し時間はかかったが、江夏豊投手という完成された同じ左投手に出会い、これが彼には突き抜ける大きな「キッカケ」になった。江夏投手は阪神で先発投手として頑張り、当時の南海でリリーフ投手として成功した、本当に素晴らしい投手で、彼から吸収することは多く、この出会いで大野投手は一気に投手としての資質に磨きがかかった。

私の中の大野投手は、同じスカウトの木庭教さんにお世話になったということもあり、入団時によく大野投手の話に聞かされた。木庭さんが元気ならどんなに喜ばれたか、「俺の見た目は間違っていなかっていなかっただろう」と自慢げに笑顔を見せられることだろう。本当に見せてあげたい気持ちでいっぱいだった。

大野投手は、投手にとって大切な下半身の強さを作るために本当によく走ったという記憶がある。先発もこなし、リリーフでも一流の成績を残した投手だけに、今日という日を本当に喜びたいと思った。

昭和50年代のカープ投手黄金時代を支えた大野豊、池谷公二郎、佐伯和司、川口和久、北別府学、山根和夫、福士敬章の先発投手、江夏、津田のリリーフ投手たちと一緒に戦えたから5回の優勝を経験出来たのだと改めて思い出している。

私の中でもう一人、この日を迎えてほしい人がいる。沖縄から初めて日本のプロ野球界に入団された「安仁屋宗八」という弱小カープを支え続けた素晴らしい投手がこの喜びに包まれる日を期待したいと願っている。

2013年1月12日

47

素晴らしき日

長嶋さんから、いつも背中で野球を教えていただいた

2013年「5月5日」、いままでは「こどもの日」として馴染んできたこの日に、「2013年」は特別な記憶に刻まれる年になった。

東京ドームで長嶋茂雄さん、松井秀喜の国民栄誉賞の表彰式が行われた。いままでの表彰式は漫画家の長谷川町子さんの体調が心配されて出来なかったことを除けば、ほとんどが総理官邸で行われてきたこの表彰式を、東京ドームという場所で行うという初めての試みとなったが、大成功だったと思う。

1988年に東京ドームが完成して、公式戦が始まり、多くの素晴らしい試合を刻んできた。そしてマイケル・ジャクソン、美空ひばりさんを始め、多くの有名アーティストがここでたくさんのファンを楽しませたことはあるものの、野球では何があったかな。当然、巨人軍が何度も優勝を決め、日本一になった場所としては知っている。ただ、以前の後楽園球場では「天覧試合」という後世に記憶として残る大きな国民的イベントもあった。国民栄誉賞の表彰のこの日、多くのファンのみなさんの記憶に残る吉日になったのではないだろうか。

花束をプレゼントするという役目で参加させていただいたが、表彰式で長嶋さんの緊張した表情、そして徐々に緩んで素晴らしい笑顔になっていかれる様子はまるで夢のようだった。このように当時、長嶋茂雄さんは雲の上の方で、いまのように身近で感じられる人になるとはまったく想像も出来ないことでした。

1965年9月だったと思います。1年目の衣笠捕手が先発メンバーとして広島市民球場のキャッチャーボックスに入るチャンスをいただき、その試合で初めて目の前に「長嶋茂雄」選手を迎えた。「どんな感じでしたか」とよく聞かれたりした。

「雲に乗ったような感じで、ボ〜としてました」

こんなことを言うと信じてもらえないが、本当だった。審判の方に「早く投手にサインを出せ!」というお叱りを受けるまで、「これが長嶋さんだ〜」という雰囲気で、他のことに考えが及ばなかった。考えてみると、凄いことだった。この年から巨人軍のV9が始まった。

ベンチには川上哲治監督、牧野茂コーチを始め、素晴らしいコーチの方々、長嶋さん、王貞治さんを中心に柴田勲さん、土井正三さん、黒江透修さん、森昌彦さん(当時)という個性十分な選手の人々、こうして始まった長嶋さんとの出会いが1971年のオールスター戦でぐっと身近に感じられる機会を与えてくれることになり、バッティングの話を聞きにいくことが出来、身近な話をする機会と、何より選手としていつも背中で野球を教えていただいた。

1974年に引退をされ、監督になられても、いつも「長嶋茂雄さん」だった。日本のプロ野球を考え、背負ってきた方だと思う。スポーツマンとして大切な「清潔感」「明るさ」「礼儀正しさ」本当に多くのことを学ばせていただいた方だった。

そしてもう一人の松井秀喜も記憶に残っている選手だ。松井は長嶋さんと違い、私が引退してからプロ野球に入団してきた選手だ。初めて観たのは甲子園大会に参加してきた時で、星稜高校（石川県）の4番打者として記憶している。一塁側通路からグラウンドに出てくる姿を見た時の感想が「大きいな〜」というものだった。

他の選手から頭一つ抜けていて、本当に大きいと感じた。そして試合後に感じたのは「この選手をこのままメジャーリーグに行かせたら、何年で試合に出られるかな？」という切望だった。当時、まだ打者でメジャーに行った選手はなく、打者としてはいつか出したいという思いがこんな感想を持たしたのだろう。

その彼が巨人軍に入団し、長嶋監督と出会い、10年の時間をかけて巨人軍の4番打者として恥ずかしくない選手になり、アメリカに旅立った。1年目のキャンプもどうしても見てみたいと思い、実際に行ってみた。初めて見た時の印象は強かった。アメリカでどんなことをしてくれるか、本塁打はどのくらい打てるか、楽しみが膨れ上がるばかりの私の目線と、松井選手の目線の違いに気がつくまで少し時間がかかった。

彼はこの当時「連続試合出場」を続けており、日米に懸けてどこまで伸ばせるかなど、色々なことを背負いながらのスタートを切った。

そして10年、多くのファンの期待に応えるべく頑張ってみせた。本塁打は期待には届かなかったと思う。もっと打ってくれると期待していた。ただ、頑張ったことは間違いないし、その間、故障とも戦った。

この二人が同じ日に東京ドームで国民栄誉賞を受賞されて、そのイベントに参加させていただき私にとっても本当に嬉しい一日になった。

お二人に心からお祝い申し上げたい。

2013年5月6日

48 大谷選手です

人間の可能性を追求する歴史を見せてくれている

2013年プロ野球コンベンションが11月26日に行われ、同27日に「ジョージア魂」の表彰式が行われ、オフの表彰式がピークを迎えている時期だ。どの選手も満面の笑みを浮かべているが、とりわけ今年は東北楽天の田中将大投手のための表彰式かと思うくらいの勢いである。そんな中でふと考えたのがこの選手だ。

日本ハム大谷翔平選手の1年が終わりました。入団時に投手、打者との二つで一軍に挑戦することが大きな話題になり、プレーする前から何か異次元の捉え方をされてのスタートだったが、この1年を終えてみると、大谷という選手の素晴らしい才能を持っていることが再確認出来たのではないだろうか。そしてその才能をどのように使うのが本人にも野球界にもベストなのかと言うことが見えてきたのではないだろうか。入団1年目の成績として残したのは、投手として13試合に登板し3勝0敗、防御率4・23。

打者としては77試合に出場打率2割3分8厘、3本塁打、20打点、これが大谷選手の今季の成績だ。投手として一番長く投げたのが8月23日のオリックス戦、6回2／3を投げて、勝利投手になった試合である。今年完投はなかった。投手として、打者として彼の才能からすると少々物足りないと思っている。

同じように騒がれて阪神タイガースに入団した藤浪晋太郎投手は大谷選手と違い、投手として入団、練習も投手1本、体つきもお互いに大きく、藤浪投手が197センチ、大谷選手が193センチ、日本人としては両選手とも大型選手である。

この藤浪投手は24試合に登板10勝6敗、規定投球回数には届かなかったが137回2／3を投げ、防御率2・75という成績を残した。藤浪投手の才能が勝っていたのか、大谷選手も投手一本にしぼっていたらこのくらいの成績を残したのではないだろうか。終わったことを想像するだけだが、残せたと思う。それだけの選手だけに考えてしまう。

キャンプ時から賛否両論が溢れており、「初めてに挑戦することが素晴らしい」「本人がやりたいと言うのだから仕方がない」「彼ならやり遂げることが出来る」などの意見と同時に「プロをなめている」「中途半端になるだけだ」「才能の無駄遣いだ」と言う意見もあり、どちらも彼の才能への期待の表れということになるだろう。

そして始まったシーズンで残した成績を見ながら、成功だったか、失敗だったか、まだ答えを求めるには早いことは十分に理解出来るが、何かもったいない気がするのは私だけだろうか。球団は来年も今年と同じスタンスでいくということだが、来年は今年よりは1年の経験が戸惑うことを少しは軽減してくれると思うが、それが彼にとって本当に彼の才能を活かすことなんだろうか。投手、打者、どちらかに決めて挑戦するメリットを捨ててまで挑戦する値打ちがあるのだろうか。ただ、難しいのは指導者がすぐに決められない点だろう。

メジャーリーグの長い野球の歴史を見ても、投打でチャレンジして成功している選手は記録に残っていない。ベーブ・ルースも最初は投手だが打者に転向して成功している。

日本の歴史でも阪神の藤村富美男選手は自軍の投手が乱調になると自分でマウンドに行き、投げたという話を昔投手コーチだった野崎泰一さんに聞いたことがある。先日お亡くなりになった巨人の川上哲治さんが投手としての経験を持ちながら、打者として成功され、王貞治さんも高校野球のエースだった。

そんな中で大谷選手のような投打に成績を残している先輩が日本にも一人だけいらっしゃって、その現役時代の記録が、いまはなくなった近鉄球団で残っている。

１９５０年に近鉄に投手として入団、１９５７年まで投手として主に活躍、２４４試合に登板65勝94敗、防御率3・43という数字が残っている。そして打者としては、入団以来当時は投手も打席に入る時代だから記録が残っているが、1957年から本格的に打者に挑戦、125試合に出場し、122安打を記録している。そして通算1137安打を記録している。日本で唯一の投手で50勝以上、打者で1000安打以上記録している選手と言える人だ。

私が若い時に大変お世話になった方で、1970年に広島カープのコーチとしてご縁をいただいた関根潤三さんです。

この件に関してもよくお話を聞いたが、最初から両方をやったのではなく、投手として限界を感じたから打者に転向したという話を聞かされた。投手としての最高の成績は1954年の35試合に登板16勝12敗で、これが気に入らなかったのかもしれない。当時は20勝する投手が一人前でしたから、許せなかったのかもしれない。

そして打者としては1963年の150安打という記録が最高の安打数だ。1965年、私が広島カープに入団した年に巨人軍を最後に引退されているということで、何かこの時からご縁があったのかな。ベンチ前で繰り返し、繰り返し、「バットを持って構え」を作られていた姿が印象に強く残っています。体の大きさも、時代も大きく違いますが先人の足跡である。

確かに野球は打者に対峙する投手は面白いと思うし、打席で投手のボールを待つ打者も大変面白い。両方楽しいだけにやりたい気持ちは十分に理解したい。ただ、大谷選手が投手として絶対に信頼出来るコーチと出会っていない点も関係しているのか、打者として信頼出来るコーチと出会うのはいつか、打撃にしても、投手にしても「本当に楽しい」「本物はどこだ」ということを教えてくれるのは「素晴らしいコーチ」との出会いだと思う。

いずれにしても、人間は人間の可能性を追求する歴史を見せてくれていると思う。その点では究極のチャレンジャーが出てきたのだということも言える。

事実、日本では中学校、高校では投手で4番という歴史を長く続いてきたのだから、プロ野球でもあっても不思議ではなかったはずだが、実現していない事実をどのように捉えるか。彼にはまだ考える時間はあげてもいいかな。

まだ十分な時間があるように感じると同時に、早く自分の野球選手としての完成図を作ってほしい気持ちも強くある。だけど、結論を出すのは大谷選手自身でなくてはダメだと思う。

これからどちらに行くにしても、行く先の道に楽な道はないと思うだけに、何度も自分に聞くことになると思う。「野球が好きか?」「楽しいか?」

その答えは自分自身しか持っていないので自分で決めるしかないというのはここです。素晴らしい才能を持っているだけに気になる選手です。

是非日本のプロ野球のために成功してほしい選手なので、応援したい。

２０１３年11月28日

49

異次元の世界

どんな打球か、現場で確かめてみたいという思いにかられた

6月14日、新潟で行われたDeNA対北海道日本ハムの交流戦に行き、前回の登板では大谷翔平投手の練習を見て凄い投手が現れたものだということを改めて思った。「最速163キロ」、この数字が大きな記事となり、騒がしている。

日本人投手がこんなに凄い数字を刻むとは思いもしなかった10年前が嘘のように、「この次は誰かな?」と期待してしまうのだから、人間は怖い。日本ハムの大谷という選手の底知れない運動能力にこれからどこまで行くのか、楽しみを多くのファンに与えてくれる。

そして彼にはもう一つの打者としての顔がある。

大きなスペースに「驚きの弾道」という見出しが出ていて、何かなと覗いてみると、日本ハムの大谷選手が打った打球のことであった。交流戦が始まり、普段あまり対戦しない投手との対戦で、本来ならば投手のほうが有利に作用しそうな感じを受けるのだが、これだけのニュースになるのだから、どんな打球か、ビデオで見てみると確かに速い打球ではあるが、こんなに大きなニュースになる打球だったのかなと思いつつも、現場で確かめたいという思いにかられた。

6月1日の交流戦、北海道日本ハム対東京ヤクルト戦の4回、3打席目に放った大谷選手の打球のことで、その打球の速さに球場のファンが驚いたという。打球はもう数十センチ上がっ

ていればセンターオーバーの本塁打という素晴らしい弾道の打球だった。

この記事を見て思い出したのが、多くの先輩から聞いた話で、多くの先輩から伝説のように聞かされたこの話である。

「西鉄ライオンズの中西太選手が放った打球はショートの選手が捕球のためにジャンプしたのですが、そのまま中堅に本塁打になった」

若い頃に聞いたことがある。当時の中西選手の凄まじい打球を表すエピソードだったのでしょう。どうしても、そんな話を聞いて育った選手ですから、私には今回の打球はまだまだ物足りない打球だった。大谷選手が打者として完成すると、もっと凄い中西選手のような打球を見せてくれると期待している。この話でそしてもう一人思い出すのが、中日ドラゴンズで活躍された江藤慎一選手の打球である。この方は実際何度も見せていただいた。見るたびに「凄い!」と感心すると同時に、そこを目指したものだった。江藤さんはいまの選手では使いきれない35インチの長いバット、いまの選手は多くが短い、軽い、バットを使用していた(33・5インチ、880グラムから900グラム)。江藤選手のバットはおそらく重さは960〜70グラムはあったでしょう。そのバットから火の出るような凄い打球が飛び出す。王貞治さん、長嶋茂雄さんでも打てない打球だった。だからとても憧れた。

そういえばアメリカでも最近こんな記事が載っていた。打球のスピードを図るということでまだ日本ではここに注目が集まっていないが、メジャーでは強打者を表す一つの目安として見ているようだ。

「打球の速さ」強打者の証し。（大リーグ新データに注目）

［EXIT VELOITY］（出口速度）、略称［EV］今季このようなデータを出してきた。

＊エンゼルスのトラウト選手が89マイル（143キロ）の変化球を芯で完璧に捉えた時の打球が打ち返された瞬間のボールの速さは111マイル（179キロ）。

＊6月7日のヤンキース戦、昨季のア・リーグMVPの23歳が放った本塁打はライナーであっという間にスタンドに入った。

強打者の能力を表すのがEVではないかと最近言われている。バットを強く振り、反発力の高い芯で球を捕らえているということになる。

＊400打席以上対戦した打者の1位は昨季のナ・リーグ本塁打王で今季ここまで22本塁打のマーリンズのスタントン選手98・79マイル（159キロ）、2位がドジャースのペダーソン選手の95・20マイル（153キロ）、3位がレンジャーズのモアランド94・74マイル（152キロ）、昨季最も速いEVはブルージェイスのドナルドソン選手の本塁打で120・5マイル（194キロ）というのがある。

こんな記事を見ると、今度テレビを見る時に嫌でも関心が出るのがブルージェイスのドナルドソン選手だろう。120・5マイル（194キロ）の打球、考えただけでも恐ろしい。特にそんな打球が投手に向かってきたら逃げられるだろうか。何秒でスタンドまで届くのだろうか。考えると、興味が尽きない世界だ。やはり、野球という競技は面白いことがいっぱい詰まっているのだな～とつくづく考えてしまった。

ただし、この打球の速さと生涯本塁打数とがリンクするかというと、なかなか難しいようで、メジャーリーグの昔の選手の打球を知っている年代の方の話も載せてくれると嬉しかったのだが、今回は載っていなかった。それにしても大谷選手はどこまで行くかな～。

２０１６年６月16日

50

それにしても強い!!
カープは大一番に敗れてきた経験がいまに生きてきた

広島が上昇気運を掴んだ。６月の月間成績は16勝６敗１分け、交流戦は11勝６敗１分けで３位。たしか、広島も交流戦が苦手だったはず。昨季は９勝９敗で勝率５割を保ったが、交流戦が始まった２００５年以降、勝ち越したのは２度しかない。最下位も３度経験している。苦手の交流戦で勝ち越し、混戦状態を抜け出すことができたのは大きい。チーム22年ぶりとなる10

連勝、32年ぶりの11連勝。広島のペナントレースの首位ターンは1996年以来20年ぶりとなる。6月に記録した5度のサヨナラ勝ちは、セ・リーグタイ記録だ。そのサヨナラ勝ちのなかには相手野手のエラーによるラッキーな試合もあった。この神がかった強さを緒方孝市監督に言わせれば、「神ってる」ということだが、私は32連勝を飾った当時と今のチームは違うと思う。当時を知る者として断言出来る。32年前は計画して作られたチームだったが、今のチームは、いつの間にか、経験値を積んだメンバーが揃ってきたなと思う。

ここ数年、広島は優勝ポジションにはいたが、勝てなかった。でも、「この試合に勝たなければ」という、苦《にが》い経験を積んできた若い野手が確実に増えてきた。今まで彼らは大一番の試合に敗れてきたが、それが経験となって、チーム全体が本当に良い方向へ向かっている。過去の苦しい経験が彼らを育てた。「この投手を一人前にし、あの野手を鍛え上げて」という計画のもとに作られたのではなく、1人出てきた、2人出てきた、3人出てきた、「あれ？ 気がついたらこんなにいるよ」というメンバー構成になっている。これが、32年前と今のチームの違いだ。だから、選手層が厚い。田中広輔選手、菊池涼介選手、丸佳浩選手、エルドレッド選手、ルナ選手、新井貴浩選手、鈴木誠也選手、安部友裕選手、赤松真人選手……。これでまだ、ファームに天谷宗一郎選手や梵英心選手のような経験を積んだベテランが控えている。ここに堂林翔太選手が復活してくれたら、かなりの選手層になる。いまは福岡ソフトバンクと同じように、誰かが故障しても代わりの選手がその穴を埋めて余りある活躍をしてくれるようなチームだと思う。

このチームは若い。若くして経験を積んできた選手が多いから、たとえば3年から5年先を想像して、「何人抜けるかな?」と考えても、年齢的に見て、せいぜい2、3人だ。ほとんどの選手が残る。また、レギュラーを控えの選手を比べると年齢が近い。皆が競い合っていく図式がずっと続くわけだが、選手間の人間関係はヘンにギスギスしていない。皆がチームの勝利を願っている。そういう目標のもとに、選手が集まっているようにも見えた。レギュラーと控えの実力差が小さく、かつ若い。そういうチームは、セ・リーグでは広島だけではないかな?巨人は若い子がほとんどいない。中日は若手野手がなかなか出て来ない。阪神は金本知憲監督が若手育成を掲げているが、まだ時間がかかりそうだ。DeNAは広島に近いが、まだそのレベルまでは来ていない。

そう考えると、今の広島は本当に良いチームになった。若くして、経験を積んだ選手で構成されたチームは強い。緒方監督は勝敗で「神ってる」と言うが、私に言わせれば、こういう選手構成になったことのほうが「神ってる」と思うのだが?

このチームはまだ完成形ではない。本当の意味で良いチームを作るには、あとひとつ、「成功体験」が必要だ。彼らがもっと一歩、高いレベルに上がるには、優勝しなければならない。私たちが1975年の初優勝を経験して、チームが逞しくなった。精神的にも逞しくなる。まだ優勝を経験したことのなかった私たちは1975年のペナントレース後半、ゲーム差が縮まっているときは「いつひっくり返されるんだろう」と怯え、たとえ、ゲーム差が広がったとしても、今度は「この調子がいつまで続いてくれるのかなあ」と考えてしまい、不安とばかり戦っていた。2位チームとのゲーム差が開いているときは、勝って当然という目で周りは見てくる。そういう目線で見られると、負けられないという恐怖心が出てきて、体が萎縮してしまう。しかし、優勝を経験することによって、手探りではなく、確信を持って試合に臨むことができるようになった。これが、成功体験による精神面での成長だ。

今のチームを見て思ったことがもう一つある。32年の私たちを育ててくださったのは、根本陸夫監督であり、広岡達朗さんや関根潤三さんがコーチを務めていた。理論に基づいての指導であって、今思えばだが、野球に対する考え方も固かったような気もする。それに対して、今の広島の選手たちは考え方が軟らかい。柔軟に対処しているようにも見える。時代も変わり、投手の投げる変化球の種類も変わってきた。

共通点を探すとすれば、走ることだろう。私もそうだったが、4番を務めた山本浩二選手にも「隙があれば、躊躇なく走れ」と指導されてきた。

今の選手たちはみんな走れる。似ている部分があるとすれば、それくらいではないかな?

これまで、今のチームは「ここで勝っていたらクライマックスシリーズに進出できたのに」という失敗を何度も重ねてきた。その失敗の経験が彼らを育ててくれた。次に必要なことは、成功の経験である。成功できるかどうか、逞しいチームにステージアップするためにも、この残された課題を是非とも克服してもらいたい。

２０１６年７月８日

51

広島の成功体験

若手の成長でバラエティに富んだ打線が組めている

鈴木誠也選手が２０１６年交流戦でブレイクした。「打てる」と判断したら、躊躇なく初球から振ってくる選手である。右方向へのバッティングや走者を進めることを求める日本の野球スタイルでいえば淡白なバッターのようにも見られがちだが、非常に積極性のあり、アメリカ野球スタイルの選手である。今の広島というチームのなかでこの鈴木というバッターを考えた場合、ほかにいないタイプだ。３番を任されている丸佳浩選手はじっくりと投球を見てくるタイプだ。長打はないかもしれないが、バットにしっかり当てて来るルナ選手、一発のあるエルドレッド選手に加え、鈴木選手が頭角を表したことでバラエティに富んだ打線が組めるようになった。

こうした個性の揃った打線が組めるようになったもう一つの要因は、元中日在籍のルナ選手の加入だろう。彼の安定したバッティングについては、広島ナインは中日戦で見てきた。

「ルナに回せば、なんとか得点してくれるんじゃないかな」

そんな信頼感があるのだろう。エルドレッド選手も頑張っているし、ベテランの新井貴浩選手にも試合で4打席立ち、かつ翌日も振る出場出来る体力が残っていた。個性の揃ったバッターが1番の田中選手から6番までいる。

そう考えると、相手投手は気が抜けないし、本当に良い打線になってきた。

この打線が前半戦を首位で折り返すことのできた勝因でもあるのだが、石原慶幸捕手のリードももっと評価されてしかるべきだと思った。対戦打者のインコースを強気で攻めている。もともと、リードの巧いキャッチャーだった。近年のセ・リーグのバッターは変化球を待つ傾向が強くなってきた。

フルスイングするのではなく、逃げていくボールを捉えてやろうとしている。その変化球待ちのバッターの内角をズバッと突くのは、非常に効果的である。

外角と内角に、きちんと変化球を投げ分ける黒田博樹投手とバッテリーを組んで感じるものもあったのだろう。

野村祐輔投手がハーラートップの10勝を挙げて前半戦を折り返したように、広島の投手陣も好調だ。石原捕手が上手に若いピッチャーたちを引っ張ってくれた結果である。とにかく、打撃陣が好調であれば、捕手も大胆なリードができる。また、地元広島で23勝10敗1分け（ホームゲーム29勝／7月8日時点）、首位で貯金17、2位DeNAとのゲームは「10」と開いている。

それは後半戦を戦ううえで、非常に優位である。勝負ごとは最後の最後まで分からないが、若い彼らに早く優勝を経験させてやりたい。

２０１６年7月8日

52 「神ってる！」

準備がいかに大切かを教えてくれた新井

1番バッターに田中広輔が固定でき、鈴木誠也がブレイクし、打線が固定できるようになってきた。そのなかで、40歳を迎える新井貴浩の復活も外せない。新井のことを考えていたら、ふとこんなことを思い出した。4月26日の東京ヤクルト戦でプロ通算２０００本安打を達成したが、この記録達成のカウントダウンが始まったころ、新井がエラーをしたイラストの入ったTシャツを、練習中の広島ナインが着て盛り上げていたそうだ。そのTシャツに書かれていたメッセージが「まさか、あの新井さんが」だそうだが、史上47人目の快挙と聞いて、私も似たようなことを思い出した。決して器用な選手ではなかった。ひたすらバットを振ってきたことでこの日を迎えられたのだと思う。一番の強みはその猛練習を重ねられるだけの体力を持っていたこと。体が頑丈だから大きな怪我もなかった。泥臭い選手で気が付いたらここまで辿り着いていた、という感じがする。ただ、プロ入り当初から右方向に巧く打つ素養は持っていた。

快挙達成は、準備がいかに大切かを自らに課せ、自分を信じ、ひたすら努力を積み重ねた結果だろう。

新井は2008年に阪神に移籍したが、帰って来た。ファンは彼が若手時代から一生懸命練習してきたことは分かっていたので温かく迎え入れた。一度出ていた新井にすれば、そんなファンの温かさに感謝すると同時に、もっと頑張らなければと思ったはずだ。努力して、また自分の居場所を勝ち取ったわけだが、新井のような優勝争いを経験したベテランが、エルドレッド、ルナのクリーンアップの後に続くと、打線に厚みも出る。今までの緒方孝市監督は「誰を使うべきか」で悩んでいた。しかし、6番の新井までが固定できるとなれば、悩んだとしても、下位打線の7、8番だけで済む。

前半戦の山場となった7月13日の巨人戦では、新井が2本塁打4安打5打点と爆発した。その試合を13対3で圧勝したことで、若い広島ナインは優勝に向かっていく勇気みたいなものが持てたと思う。25年も優勝から遠ざかっていたので、広島の生え抜きの選手たちは当然、優勝の経験がない。私は新井がチームを離れていた7年間の経験も生かされていると思う。やはり、阪神で優勝争いを経験したことは大きい。新井自身、阪神時代の08年に13ゲーム差を巨人にひっくり返された苦い経験がある。勝てる試合を確実にものにすることの大切さ、ライバルとどんなにゲーム差が離れていても決して手を抜かない。ベテランの新井は自らのバットで若手たちにそれを教えたのではないだろうか？　40歳を迎える新井までが大活躍するとは、今年はチーム全体が「神ってる」ということかな。

2016年7月13日

53 もっと遠くへ

練習を重ねろ、工夫しろ、知識を習得しろ、知恵を使え、頑張ろう、諦めるな！

打者というものは「直球」に遅れたくないという本能的なものがいつの間にか身につくものである。投手に力で「やられた」と感じるからだ。反対に投手というものはボールが速い、遅いに関係なく、打者の「バット」をへし折った瞬間に感じる満足感、爽快感は投手でなければ味わうことの出来ない感覚だろう。

ここに、打者と投手の大きな違いが出て、難しさが生まれる。

今年も交流戦でセ・リーグは完全に敗退したと言ってもいい成績が残った。どれだけセ・リーグの関係者が言い訳しても「数字」は動かない。それも交流戦が始まってから今年で12回目、優勝こそセ・リーグは巨人が2度しているが、全体の戦いとして勝ち越したのは9回目の70勝67敗7分という一度だけで、あとは全部パ・リーグに負け越しているという戦いの跡が残っている。

セ・リーグで育っただけにこの成績にはどうしても納得出来ず、毎年「ここを直すべきだ」

「ここの戦い方に問題があった」「打者が」「投手が」と多くのアドバイスを送ってきたが、改善されない。毎年同じように戦い、同じように負けを繰り返している。選手たちは怠けているのか、手を抜いて戦っているのか、そんなことはないだろう。

野球の戦い方が違うという点において、選手はよく分からないのかもしれない。でも、管理職の監督、コーチは知っていると思う。特に監督、コーチで、パ・リーグで育った選手、コーチなら絶対に知っていると思う。

だけど、セ・リーグに来たら、それが反映されていない。反映されているなら、もうとっくにセ・リーグの負け続けている状況は解消されているはずだ。では、なぜ解消されないのだろうか。

パ・リーグの野球は我々の時代から「力」で押してくる。力勝負のところが目立つ野球だった。ボールに力のある投手も多かった。その投手たちが内角を抉るように投げ込んで勝負を挑んでくるのが、パ・リーグの投手たちだ。当然、その投手たちを相手にしなくてはならない打者は力負けしないだけのバットスイングに力が必要になる。当てていては打ち返せない。振り切ることを要求されるから、これが出来ない打者は生き残れない。

では、セ・リーグの投手はそんな力いっぱい振ってくる打者をいかに利用するか、相手の力を利用して打ち取る。駆け引きを身につけることが主流になった。

だから、セ・リーグの打者は当てることにはパ・リーグの打者よりも研究していると思う。

ただ力強さはない。そこにセとパの野球の違いがある。これは長年にわたり同じ野球をしているのだが、方法論に少し違いが生まれているということである。

セ・リーグもパの野球を取り入れるべきだという意見も当然だが、この交流戦が終わればまたいつものセ・リーグの野球に戻らなければいけないという現実がある。投手であれば、力いっぱい内角に投げ込む野球はセ・リーグには少ない。

打者がどこを待っているかを予測して待っていないところに投げることが、セ・リーグの野球である。打者も来たボールに対して力いっぱい振るということを繰り返していては投手の思う壺で、必ずボール球に引っかかる。その野球が帰ってくるから、短い交流戦だけ野球を変えるということが出来ないのではないだろうか。

ここまで毎年負けてくると色々なことを考え、原因を見つけようと数字を調べ、確率を出すのだが、ハッキリ分かっているのは、セ・リーグが負けているという事実である。

終了時の打撃成績を見てみても、69人が規定打席に到達して、1位の福岡ソフトバンク・城所龍磨選手から10位の千葉ロッテ・鈴木大地選手までの間に入っているセ・リーグの選手は、3位に広島・鈴木誠也選手、5位に巨人長野久義選手、9位にDeNAの宮﨑敏郎選手だけで、ペナントレースでも活躍していた選手は巨人の長野選手だけという事実を見ると、ちょっと考えてしまう……。

投手陣はどうか。防御率1位は北海道日本ハムの大谷翔平投手で、セ・リーグの選手では3

位に阪神のメッセンジャー投手、4位に中日・吉見一起投手、7位に広島の野村祐輔投手、8位に中日の大野雄大投手、9位も中日のジョーダン投手が10傑に入っている。打者よりも成績がいい。彼らを見てみると、パ・リーグの投手と違い、コントロールに重点を置いて投球するタイプの投手ということに気がつくだろう。

今年も終わった交流戦、悔し紛れにこのようなことを考えて来年の戦いのための材料を提供しているのだが、おそらく来年も同じことが繰り返されることだろう。セ・リーグが勝ち越すにはパ・リーグの打者が力いっぱいに振ってくるバットスピードを、いかに利用するか。

ストライクゾーンからボールゾーンに曲がる変化球を投げ込むだけのコントロールをいかにして磨くか。入団した頃によく教えられた言葉に「ストライクはボールに見せて、ボール球をストライクに見せる工夫をしなさい」というのがあった。これが、セ・リーグの投球術だと思う。

すべての投手が160キロのボールは投げられないという事実は変わらない。でも、工夫次第で145キロのボールを150キロに見せる、あるいは感じさせることは出来る。近い将来、パ・リーグの打者よりももっと力のある、バットスピードを持った打者たちと勝負をしなければならない時が必ず来る。来なければいけないのだ。その時に力だけでは勝てないということを知るべきである。

スポーツの一番の財産は体力だろう。否定はしない。だけど、体力で引けを取っているものが勝つための方法論を野球は持っているということも事実である。

そのために練習を重ねろ、工夫をしろ、知識を習得しろ、知恵を使え、そうすれば、課題は次から次へと見えてくる。

頑張ろう、日本の野球を高めるために、諦めるな！

２０１６年6月22日

衣笠祥雄 きぬがさ さちお

1947年1月18日京都府生まれ。O型、175cm、73kg。

1965年平安高校から広島東洋カープに入団。1987年の現役引退に至るまで、23年間におよび常に日本プロ野球界の第一線で活躍を続け、最優秀選手賞（MVP）を始め、数々の輝かしい足跡を残す。

その間、2215試合連続出場という不滅の世界記録を達成。国民栄誉賞受賞。野球殿堂入り。「鉄人」とは、衣笠祥雄だけに贈られる栄光の称号である。

現在、TBSプロ野球解説者・朝日新聞嘱託。

著書に、『お父さんから君たちへ〜明日を信じて』（講談社）、『人生フルスイング』（佼成出版社）、『野球の夢　一途に』（NHK出版）、『カープ愛。』（小社刊）がある。

ブックデザイン / 塚田男女雄（ツカダデザイン）
編集協力 / 美山和也
協力 / 株式会社キャスト・プラス
撮影（帯の著者写真）/ 小島愛一郎

鉄人のひとり言 The Key to Life

発行日　2016年7月29日　第1刷発行

著　者　衣笠祥雄
編集人
発行人　阿蘇品蔵
発行所　株式会社青志社
〒107-0052 東京都港区赤坂6-2-14 レオ赤坂ビル4F
（編集・営業）Tel : 03-5574-8511　Fax : 03-5574-8512
http://www.seishisha.co.jp/

印　刷
製　本　株式会社ダイトー

ISBN 978-4-86590-030-9 C0095